统计分析
（以R语言为工具）

朱雪宁　任怡萌
张桂维　米汶权　编著

北京大学出版社

内容简介

本书围绕经典的统计方法与R语言工具,从基本的统计描述分析方法出发,讲解了参数估计与假设检验、线性回归、逻辑回归、降维分析方法,每一章重点介绍一种经典方法或统计模型,对其基本定义、模型形式、统计方法的推导与解读等都给出了细致的讲解。此外,为了将理论与实践紧密结合,本书每一章均提供了不同业务场景下的R语言编程实例,帮助读者练习巩固。本书适合相关学科本科生及研究生,以及对数据分析及建模感兴趣的读者。

图书在版编目(CIP)数据

统计分析:以R语言为工具 / 朱雪宁 等编著. —— 北京:北京大学出版社,2021.8
ISBN 978-7-301-32342-7

Ⅰ.①统… Ⅱ.①朱… Ⅲ.①统计分析–应用软件 Ⅳ.①C819

中国版本图书馆CIP数据核字(2021)第147663号

书　　　名	统计分析:以R语言为工具 TONGJI FENXI: YI R YUYAN WEI GONGJU
著作责任者	朱雪宁等编著
责任编辑	王继伟　杨　爽
标准书号	ISBN 978-7-301-32342-7
出版发行	北京大学出版社
地　　　址	北京市海淀区成府路205号　100871
网　　　址	http://www.pup.cn　　新浪微博:@北京大学出版社
电子邮箱	编辑部 pup7@pup.cn　　总编室 zpup@pup.cn
电　　　话	邮购部 010-62752015　发行部 010-62750672　编辑部 010-62570390
印　刷　者	河北滦县鑫华书刊印刷厂
经　销　者	新华书店
	787毫米×1092毫米　16开本　12.5印张　313千字 2021年8月第1版　2024年7月第3次印刷
印　　数	6001–8000册
定　　价	59.00元

未经许可,不得以任何方式复制或抄袭本书之部分或全部内容。
版权所有,侵权必究
举报电话:010-62752024　电子邮箱:fd@pup.cn
图书如有印装质量问题,请与出版部联系,电话:010-62756370

前言
INTRODUCTION

几年前，在北京大学王汉生教授的鼓励下，笔者和团队的小伙伴带头创办了《R语千寻》这个介绍统计分析语言（R语言）的专栏。专栏开辟以来，受到众多读者的喜爱，我们也收到了一些意见和反馈。尽管专栏对R语言的知识体系介绍相对全面，但缺乏对统计分析知识的系统梳理及讲解，因此，我便产生了写这本书的想法。

随着大数据时代的到来，数据作为一种重要的资产，其价值日益彰显。让读者理解数据，掌握描述数据的方法，并能够进行统计分析，是本书的价值所在。为了使统计分析知识易于理解，本书辅以大量案例进行讲解。本书适合相关学科本科二年级及以上学生、研究生，以及对数据分析及建模感兴趣的读者阅读。

全书共八章，第一章提纲挈领，介绍统计分析的基本步骤及R语言基础知识，第二章重点介绍R语言中的数据管理及数据清洗相关知识，第三章、第四章介绍数据基本统计分析、描述分析及可视化方法，第五章讲解统计分析中的参数估计与假设检验，第六章到第八章介绍几个重要的统计模型，包括线性回归、逻辑回归、降维分析。对于所涵盖的统计分析知识，本书尽量以浅显易懂的方式介绍原理，并以R语言为工具，讲解实现方法。本书每一章都设置了习题，既包含原理的解读、证明，也包含实战练习。读者可访问以下在线网站或扫描二维码，回复8527，查看本书在线教辅材料：https://xueningzhu.github.io/Statistical-Analysis-with-R/index.html。

本书的完成要特别感谢北京大学王汉生教授及狗熊会团队全体成员。如果没有狗熊会研究团队的鼎力支持及王汉生教授的鼓励，本书不可能面世。感谢笔者所在的工作单位复旦大学大数据学院为本书创作提供的良好环境。同时，特别感谢本书的创作团队成员（按姓氏拼音顺序）：米汶权、任怡萌、张桂维，感谢这几位作者在本书的文字撰写、材料整理方面做出的贡献。

统计分析是一个广阔的领域，由于本人所学尚浅且水平有限，书中错误及不当之处难免，敬请读者朋友予以批评指正！

目录

第一章 统计分析与R语言 ……1

1.1 统计分析简介 ……1
- 1.1.1 了解数据及业务问题 ……002
- 1.1.2 数据清洗与预处理 ……003
- 1.1.3 数据描述及探索性分析 ……003
- 1.1.4 模型构建及解读 ……004

1.2 R语言简介 ……006
- 1.2.1 为何要使用R语言 ……006
- 1.2.2 R语言的下载与安装 ……007
- 1.2.3 R语言的使用 ……010
- 1.2.4 工具包 ……014

1.3 本章小结 ……015

1.4 本章习题 ……016

第二章 R语言中的数据管理及预处理 ……17

2.1 基本数据类型 ……019
- 2.1.1 数值型 ……019
- 2.1.2 字符型 ……020
- 2.1.3 逻辑型 ……020
- 2.1.4 因子型 ……021
- 2.1.5 时间型 ……022

2.2 数据结构 ……022
- 2.2.1 向量 ……022
- 2.2.2 矩阵 ……028
- 2.2.3 数组 ……031
- 2.2.4 数据框 ……032
- 2.2.5 列表 ……036

2.3 数据的读入及写出 ……042
- 2.3.1 直接输入数据 ……042
- 2.3.2 从带分隔符的文本文件中导入数据 ……042
- 2.3.3 导入Excel数据 ……044
- 2.3.4 逐行读入数据 ……044
- 2.3.5 数据的写出 ……045

2.4 数据集管理及预处理 ……046
- 2.4.1 了解数据概况 ……047
- 2.4.2 变量类型转换 ……048
- 2.4.3 时间型数据的操作 ……050

2.4.4　数据集合并 ·············· 051
　　2.4.5　数据缺失、异常 ·········· 052
2.5　本章小结 ························ 053
2.6　本章习题 ························ 053

第三章　基本统计分析　54

3.1　基本描述统计量 ················ 056
　　3.1.1　频数统计 ················ 056
　　3.1.2　均值 ···················· 057
　　3.1.3　分位数 ·················· 057
　　3.1.4　方差、标准差 ············ 058
　　3.1.5　协方差与相关系数 ········ 059
　　3.1.6　最大值、最小值 ·········· 061
　　3.1.7　峰度和偏度 ·············· 062
3.2　汇总分析 ························ 063
　　3.2.1　交叉列联表 ·············· 063
　　3.2.2　描述统计量的分组统计 ···· 065
3.3　本章小结 ························ 066
3.4　本章习题 ························ 067

第四章　数据描述与可视化　68

4.1　统计表格 ························ 070
　　4.1.1　变量说明表 ·············· 070
　　4.1.2　分组统计表 ·············· 071
4.2　数据可视化基础 ················ 072
　　4.2.1　统计图形 ················ 072
　　4.2.2　柱状图 ·················· 073
　　4.2.3　饼图 ···················· 076
　　4.2.4　直方图 ·················· 077
　　4.2.5　折线图 ·················· 078
　　4.2.6　箱线图 ·················· 079
　　4.2.7　散点图 ·················· 081
　　4.2.8　相关系数图 ·············· 083
4.3　数据可视化进阶 ················ 084
　　4.3.1　ggplot2包 ··············· 084
　　4.3.2　交互可视化 ·············· 090
4.4　本章小结 ························ 094
4.5　本章习题 ························ 094

第五章　参数估计与假设检验　96

5.1　总体、样本和样本量 ············ 099
　　5.1.1　总体 ···················· 099
　　5.1.2　样本 ···················· 100
　　5.1.3　统计量 ·················· 100
5.2　参数估计 ························ 101
　　5.2.1　矩估计 ·················· 101
　　5.2.2　最大似然估计 ············ 102
　　5.2.3　区间估计 ················ 104
5.3　假设检验 ························ 109
　　5.3.1　假设检验的基本步骤 ······ 109
　　5.3.2　假设检验的p值 ·········· 112
　　5.3.3　假设检验问题的基本类型 ·· 114
　　5.3.4　正态总体的假设检验 ······ 115
5.4　单因素方差分析 ················ 123

5.4.1 单因素方差分析的基本思路 ……………………… 124
5.4.2 实例分析 ……………………… 125
5.5 本章小结 ……………………… 127
5.6 本章习题 ……………………… 128

第六章 线性回归 ……………………… 129

6.1 模型形式 ……………………… 133
6.2 模型理解 ……………………… 134
    6.2.1 回归系数的理解 ……………………… 134
    6.2.2 定性变量转换及回归系数理解 ……………………… 135
    6.2.3 交互项的解读 ……………………… 136
    6.2.4 σ^2的理解 ……………………… 136
6.3 基本假定 ……………………… 136
6.4 回归参数的估计 ……………………… 138
    6.4.1 普通最小二乘估计 ……………………… 138
    6.4.2 最大似然估计 ……………………… 139
6.5 假设检验 ……………………… 139
    6.5.1 回归系数的t检验 ……………………… 140
    6.5.2 回归方程的F检验 ……………………… 140
6.6 模型评价 ……………………… 141
6.7 回归诊断 ……………………… 141
    6.7.1 异方差 ……………………… 142
    6.7.2 强影响点 ……………………… 143
    6.7.3 多重共线性 ……………………… 143
    6.7.4 正态性 ……………………… 144
6.8 变量选择 ……………………… 144
    6.8.1 逐步回归法 ……………………… 144
    6.8.2 信息准则 ……………………… 145
6.9 模型实现 ……………………… 146
    6.9.1 R语言中的基本函数 ……………………… 146
    6.9.2 实例分析 ……………………… 147
6.10 小结 ……………………… 154
6.11 本章习题 ……………………… 154

第七章 逻辑回归 ……………………… 155

7.1 模型形式 ……………………… 159
7.2 模型估计 ……………………… 160
7.3 模型评价 ……………………… 161
    7.3.1 准确率、精确率及召回率 …… 162
    7.3.2 ROC曲线和AUC值 ……… 163
7.4 实例分析 ……………………… 164
7.5 本章小结 ……………………… 167
7.6 本章习题 ……………………… 167

第八章 降维分析 ……………………… 169

8.1 主成分分析 ……………………… 172
    8.1.1 主成分分析原理 ……………… 172

8.1.2 主成分个数选择 ……………174
8.1.3 样本的主成分及主成分
      得分 ……………………175
8.1.4 R语言中的主成分分析……176

8.2 因子分析 ………………………180
8.2.1 正交因子模型 …………180
8.2.2 模型估计 ………………181
8.2.3 因子得分 ………………187
8.2.4 因子分析和主成分分析的
      异同 ……………………190

8.3 小结 ……………………………190

8.4 本章习题 ………………………191

第一章
统计分析与R语言

本章难点

（1）了解统计分析的意义、数据及数据价值、数据清洗与预处理、数据的描述与探索性分析、模型的构建与解读等基本内容的含义。

（2）安装R语言，熟悉R语言的功能及特色。

（3）了解RStudio的基本功能模块。

1.1 统计分析简介

大数据时代，要想打通从数据到价值的"任督二脉"，统计分析是必不可少的一环。什么是统计分析？在正确理解业务问题的前提下，统计分析是帮助我们对数据进行描述、建模及得出结论的有效技术手段。统计分析由了解业务问题、收集及清洗数据、数据描述及探索性分析、模型构建及解读、得出结论与建议这几个核心步骤组成。业务问题的实际落地离不开以上步骤的有效执行。

统计分析的第一步是了解业务问题。什么是业务问题？简单来说，业务问题就是分析的目标。

对于一个统计分析问题，首先需要明白分析的背景是什么，在这个背景下统计分析具有什么样的价值。如果对这些问题没有进行深入的思考，接下来的分析很可能变成徒劳。

一般来说，我们从收入、成本、风险3个角度来思考统计分析的价值。例如，对于个性化广告推荐而言，精准投放是提高收入的法门，在此场景下，统计分析应该着眼于如何找到目标群体精准投放广告；对于制造业，减少不必要的制造成本可以大大减少开支，因此，统计分析应重点刻画用户使用习惯，帮助企业制定合理分配资源的策略，以达到削减成本的目的；对于征信行业，合理预估用户的还贷能力是作出决策的前提，因此，统计分析的目标是通过用户的个人数据判断用户违约的概率，在此基础上确定授信额度、还款期限等。收入、成本、风险，这三者并不是相互独立的，在大多数场景中，它们是相互依存的。

接下来以一个合租房数据集为例，介绍问题分析的背景及基本步骤。

1.1.1 了解数据及业务问题

对于毕业生而言，租房是他们踏入社会的“第一课”。整租一套房成本较高，因此年轻人更倾向于选择经济实用的“合租”模式。

面对海量的房源，如何才能找到物美价廉的合租房呢？在租房时，租客对目标房源会有两部分的需求，一部分是硬性需求，如房源在地铁站附近；另一部分是可调节的需求，如房间面积在10平方米以上、室友不要太多等。在给定这些需求的前提下，租客除“货比三家”，根据经验来寻找性价比最高的房子之外，运用市场数据建立合理的模型，模拟租房市场的定价机制进行选择是更为科学的方法。通过统计建模，一方面，租客能了解目标房源的价格均值，并据此来判断待选房源的价格是否在合理的波动区间；另一方面，租客还能了解可调节的租房需求对于房租具体有怎样的影响，从而做出理性的取舍。

为了探究各种因素对合租房租金的影响，我们在某租房平台收集了一份北京的合租房数据集，并以此作为依据进行分析。在分析之前，需要充分了解数据。首先，了解样本是如何收集的、是否具有代表性，以及数据的每一行所代表的含义；其次，需要知道数据包含哪些变量、变量的类型、变量的取值范围等。对数据的充分了解是进行统计分析的基础。合租房数据集的基本情况如表1-1所示。

表1-1　合租房数据集

变量类型		变量名		详细说明	取值范围
因变量		rent	月租金	定量变量，单位：元	[1150, 6460]
自变量	内部结构	area	房间面积	定量变量，单位：平方米	[5,30]
		room	房间类型	定性变量，2个水平	主卧、次卧
		bedroom	卧室数	定量变量，单位：个	[2, 5]
		living room	厅数	定量变量，单位：个	[1,2]
		bathroom	卫生间数	定量变量，单位：个	[1,2]
		heating	供暖方式	定性变量，2个水平	集中供暖、自采暖

续表

变量类型		变量名	详细说明	取值范围
自变量	外部条件	floor_grp	定性变量,3个水平	高楼层、中楼层、低楼层
		subway	邻近地铁	定性变量,2个水平	是、否
		region	所在城区	定性变量,11个水平	朝阳、海淀、东城、西城、昌平、大兴、通州、石景山、丰台、顺义、房山

该数据集提供了从某平台上收集的5149条合租房数据,共包含10个变量:月租金(rent)、卧室数(bedroom)、厅数(living room)、卫生间数(bathroom)、房间面积(area)、房间类型(room)、所在楼层(floor_grp)、邻近地铁(subway)、所在城区(region)、供暖方式(heating)。数据采集时间为2019年10月。

1.1.2　数据清洗与预处理

在数据分析的过程中,我们拿到的原始数据往往存在缺失值、重复值、异常值或错误值,这类数据通常被称为"脏数据",需要对其进行清洗。有时数据的原始变量不满足分析的要求,我们需要对数据进行一定的处理,也就是数据的预处理。数据清洗和数据预处理的主要目的是提高数据质量,从而提高分析结果的可靠度,这是数据分析过程中必要的一个步骤。

合租房数据集的部分数据如图1-1所示,能够看到第二行的租金数据缺失,这属于缺失值,若缺失值数量不多,可以将其删除;第三行的厅数为-1,不符合厅数的取值范围,属于异常值,可以将厅数替换为数据集厅数的平均值。以上仅仅列举了几种清洗数据的方法,在实际操作中应该具体问题具体分析,依据数据集的大小、"脏数据"的分布情况采用不同的清洗方法,在本书第二章将会详细介绍数据清洗的各种操作。

	rent	bedroom	livingroom	bathroom	area	room	floor_grp	subway	region	heating
1	2730	2	1	1	12	主卧	高楼层	是	通州	集中供暖
2	NA	3	1	1	9	次卧	低楼层	是	昌平	集中供暖
3	2810	3	-1	1	14	主卧	低楼层	是	丰台	集中供暖

图1-1　数据示例

1.1.3　数据描述及探索性分析

在进行建模分析之前,一个必不可少的步骤是对数据进行描述分析。描述分析的目的是帮助我们了解数据特征,通过可视化分析等方式展示变量之间的关系。

数据集的样本量通常很大,变量间的关系很复杂,而统计图形能够化繁为简,使用"所见即所得"的方式展示数据特征。在进行探索性分析时,描述分析是观察数据、发现问题、识别异常与规律的有力武器。

统计分析最常用的图表类型为直方图、柱状图、箱线图、散点图、折线图和饼图。针对不同的业务诉求和变量类型,可以有针对性地选择统计图表类型。

以合租房数据集为例,数据清洗完成后,可以进行可视化分析。首先,我们对因变量(月租金)的分布形态进行描述。如图1-2所示,合租房租金呈右偏分布,约有80%的房间租金在3390元以下,少量房间租金在5000元以上。

接下来,可以进一步查看每个自变量的特征及自变量与因变量之间的关系。以所在城区为例,绘制频数柱状图,如图1-3所示。从柱状图中可以看出朝阳区的出租房源最多,其次为通州区和昌平区。这里我们更感兴趣的是不同城区之间租金的差异。进一步绘制箱线图描述这种差异,如图1-4所示。箱线图中每个"箱子"代表了对应城区的租金分布,"箱子"中间的线代表中位数。这里每个"箱子"按照中位数从高到低排序。从箱线图来看,西城区和海淀区的房间租金要高于其他区。我们将在第四章讲解更多关于描述分析的内容。

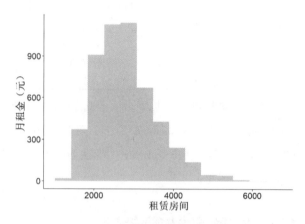

图1-2　因变量(月租金)分布直方图

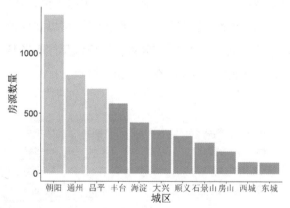

图1-3　不同城区租房频数柱状图

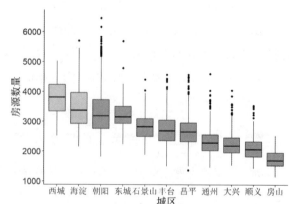

图1-4　房源数量-城区箱线图

1.1.4　模型构建及解读

描述分析可以描述数据的分布形态、变化趋势、相关性特征。但是仅有描述分析还不足以建立变量之间明确的量化关系,还需要进一步建立统计模型进行分析。一般来说,根据是否有因变量,可以将统计建模分为无监督学习和有监督学习。无监督学习没有明确的因变量,一般根据业务目标对数据进行探索性分析,如聚类分析;有监督学习有明确的因变量,根据因变量数据类型的不同,可以划分出不同的模型,如线性回归模型(因变量为连续变量)、逻辑回归模型(因变量为分类变量)等。

以合租房数据集为例,这里我们感兴趣的因变量是月租金,这是一个连续型变量。以月租金作为因变量,其他变量作为自变量,可以构建一个简单的线性回归模型。建模结果及模型整体评价的相关指标如表1-2所示,主要包括模型的 F 检验、p 值、R^2 等(关于线性回归分析的更多内容请参考本书第六章)。

表1-2 回归系数

变量		回归系数	p 值	备注
截距项		1593.22	< 0.0001	
卧室数		−90.55	< 0.0001	
厅数		−168.02	0.019	
卫生间数		182.11	< 0.0001	
房间面积		76.69	< 0.0001	
城区	昌平	57.20	0.093	基准组:石景山
	朝阳	631.70	< 0.0001	
	大兴	−421.98	< 0.0001	
	东城	565.02	< 0.0001	
	房山	−811.82	< 0.0001	
	丰台	117.60	< 0.001	
	海淀	878.86	< 0.0001	
	顺义	−450.96	< 0.0001	
	通州	−373.01	< 0.0001	
	西城	936.86	< 0.0001	
所在楼层	高楼层	−24.99	0.12	基准组:低楼层
	中楼层	−55.60	< 0.001	
房间类型−主卧		0.084	0.99	基准组:次卧
邻近地铁−是		280.44	< 0.0001	基准组:否
供暖方式−集中供暖		155.79	< 0.0001	基准组:自采暖
F 检验		p 值 < 0.0001	R^2	0.6453

以房间面积为例,其他因素不变时,面积越大的房间租金越高,这和我们的直观认识是一致的。同时,从线性回归的结果可得,面积每增加1平方米,平均租金约提高76.69元。对应的回归系数 p 值小于0.0001,这说明回归系数在99.99%的置信水平下是显著的,对于其他系数的解读同理。回归模型的构建、解读、评估、诊断等方法我们将在第六章、第七章中详细介绍。

判断以上模型效果如何,还需要对模型效果进行综合评价。一般而言,我们可以从两个层面对模型进行评价:预测精度和解读能力。预测精度是对模型预测能力的评价,对于连续型的因变量,常用的评价准则有均方误差、绝对误差、相对误差等;对于分类型的因变量,常用的评价准则有错判率、查准率、查全率、AUC值等。这些评价准则本质是了解预测值和真实值之间的差距。适当提高模型的复杂程度,预测度一般会提高,但过于复杂的模型会过分地学习样本数据的特点,产生过拟合现象,除此之外,过于复杂的模型还会带来解读上的困难。在实际工作中,数据分析与业务问题紧密相关,此时一般需要模型具有稳健的解读能力。对于不同的业务问题,可以根据不同场景要求选择模型。

1.2 R语言简介

1.2.1 为何要使用R语言

工欲善其事,必先利其器。进行高效统计分析的前提是熟练掌握一门编程语言。本书使用的主要编程语言是R语言。R语言是一款开源的统计分析编程语言,应用广泛,从学术界到工业界都可以看见它的身影。作为一款编程语言,R语言优势众多,如它可以十分方便地进行数据探索、数据建模等。

1. 数据处理便捷、作图功能强大

从数据读取、数据清洗到进行探索性分析,R语言都可以通过简单的代码完成数据分析的绝大部分工作,大大提高了数据分析师的工作效率。在灵活的基础上,R语言还具有强大的数据处理能力。同时,R语言还是一款强大的数据可视化软件,无论是点图、线图、柱状图还是直方图,R语言样样精通,R语言作图示例如图1-5所示。

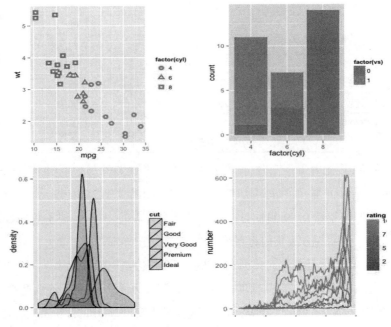

图1-5 R语言作图示例

2. 兼收并蓄——算法覆盖广,易扩展

(1)算法覆盖广。作为统计分析工具,R语言几乎拥有整个统计领域的所有前沿算法。

(2)软件易扩展。R语言有极强的扩展性,无论数据是以文本文件、Excel表格形式存储,还是以数据仓库等形式存储,它都可以兼容。同时,R语言能轻松与其他语言(如Python、C语言等)完成互调,提高我们的效率。

3. 集千万力量于一身——强大的社区支持

作为一个开源软件,R语言背后有强大的开源社区资源支持,如GitHub、Stack Overflow等活跃社区,以及每年举办的中国R会议。这些资源支持对R语言学习者来说,都具有很高的参考价值。

1.2.2 R语言的下载与安装

R语言的下载和安装很容易,具体步骤如下。

Step 1: 登录R语言官方网站,单击"download R"链接,如图1-6所示。

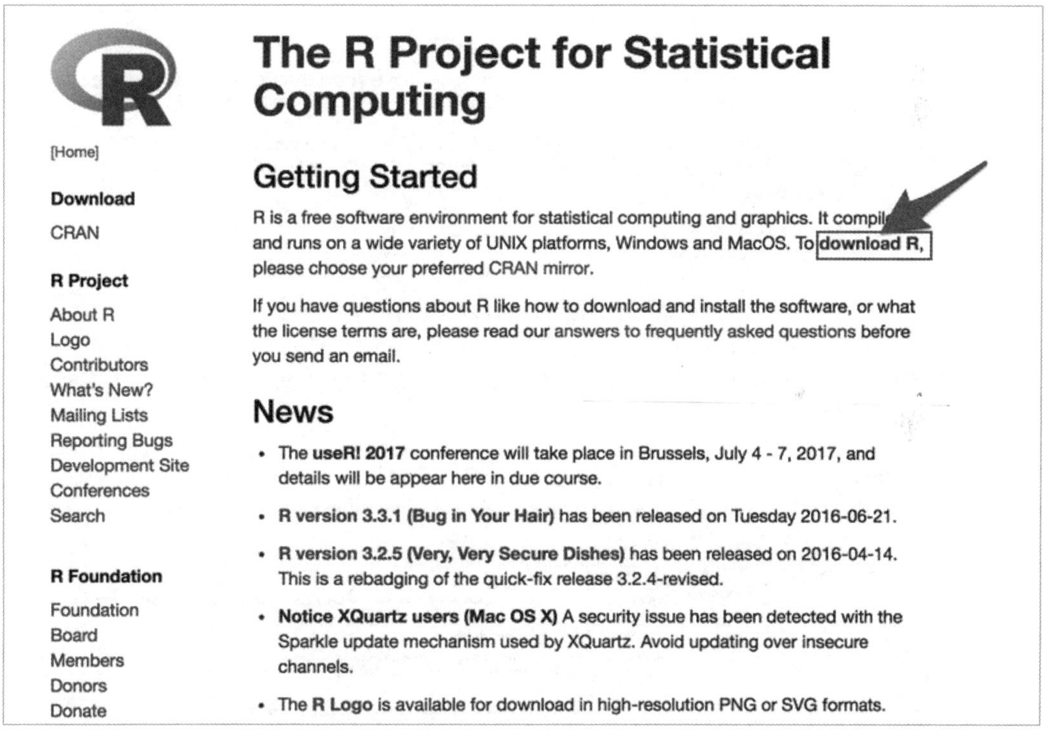

图1-6 R语言官方网站

Step 2:在弹出的页面选择合适的镜像入口,如图1-7所示,如果是中国用户,直接选择China列表中的第一个镜像即可,如图1-8所示。

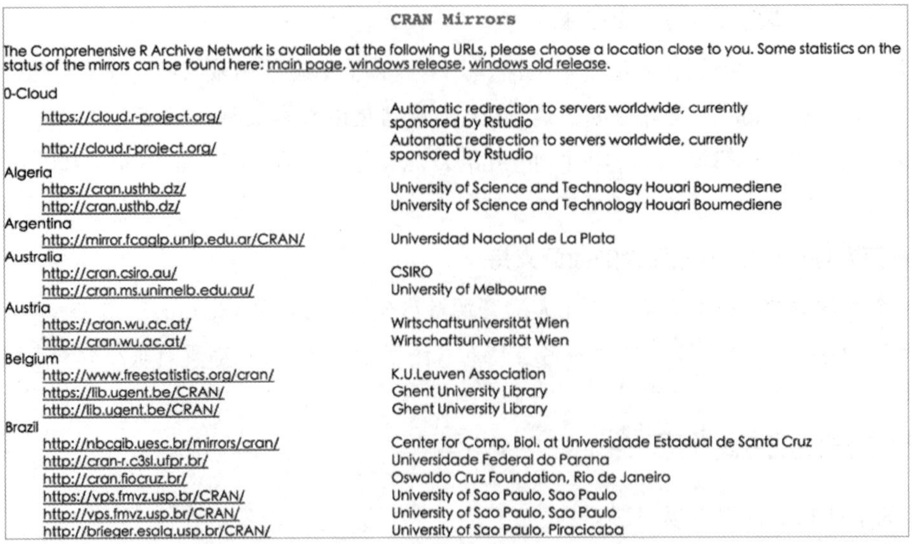

图 1-7 R 语言镜像页面

图 1-8 选择合适的镜像入口

Step 3：选择镜像入口后会自动跳转到下载页面，选择对应的操作系统下载，如图 1-9 所示。

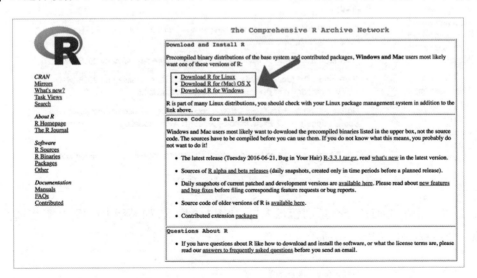

图 1-9 根据操作系统选择应用程序

下面分别介绍如何在 Windows 系统和 Mac OS X 系统安装 R 语言。

1. Windows 系统安装 R 语言

打开 Download R for Windows 后的界面如图 1-10 所示。

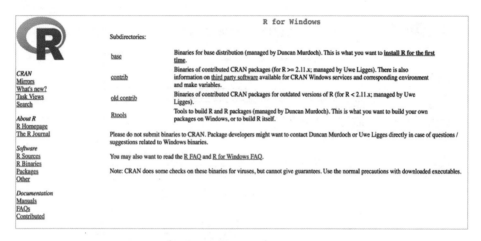

图 1-10　Windows 系统下载界面

官网提供了两类 Windows 系统的 R 语言安装文件：contrib 和 base。contrib 是一个包含了所有扩展包的 Windows 二进制安装文件，而 base 是仅包含基本功能的二进制文件，由于我们之后还会不断安装自己需要的包，因此在安装阶段选 base 版本的文件就可以。

安装成功后，开始菜单中会弹出 R 语言应用程序的图标，单击该图标，就同时打开了 R 语言图形用户界面（RGui）和 R 语言控制台（R Console），如图 1-11 所示。

图 1-11　Windows 系统 R 语言界面

2. Mac OS X系统安装R语言

在Mac OS X系统安装R语言更为简单,进入R语言官网,单击"Download R for (Mac) OS X",下载pkg格式文件并安装即可,如图1-12所示。

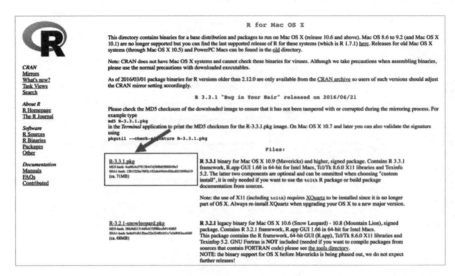

图1-12　Mac OS X系统下载界面

程序安装成功后,可以在Applications文件夹下找到它,打开的界面如图1-13所示。

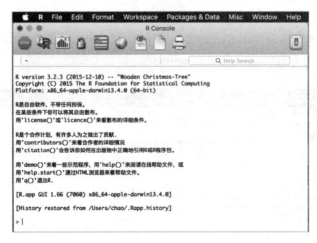

图1-13　Mac OS X系统R语言界面

1.2.3　R语言的使用

1. 新手上路

R语言的界面并不方便日常使用。对于新手而言,推荐使用如图1-14所示的RStudio软件进行日常数据分析。RStudio是一个R语言的集成开发环境(简称IDE)。所谓集成开发环境,就是把开发工作需要的代码编辑器、编译器、调试器等工具都集成在一个界面环境下，方便同时使用。

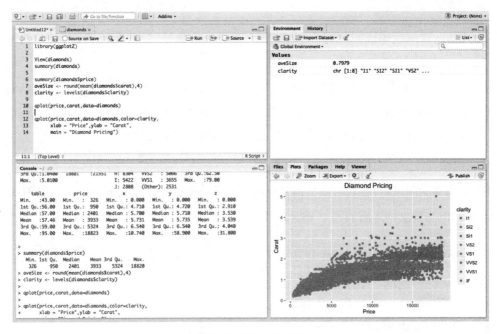

图 1-14　RStudio 界面

接下来，通过一个简单的示例图来详细了解 RStudio 各个模块的定义及使用流程，如图 1-15 所示。

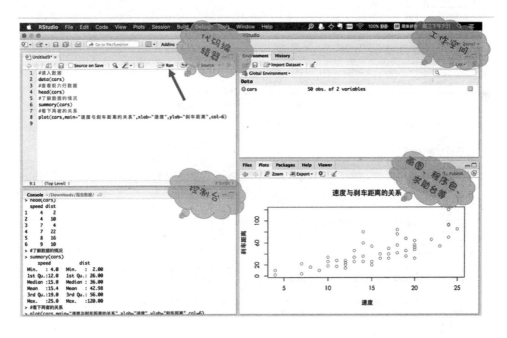

图 1-15　RStudio 各个模块

图1-15左上角是代码编辑器,需要先在这里写入编程代码,用#可为代码添加注释,合理运用注释可大大增强代码的可读性。

写好代码后,选中代码或把光标停留在某行,单击Run命令(或使用快捷键操作)就可以运行代码。

当程序运行完毕后,界面会出现3个变化:第一个是在图左下角的"控制台"可以看到所有代码的运行结果;第二个是在图右上角的工作空间可以看到程序新生成或加载进工作空间的数据、函数等对象;如果程序中还有画图命令,则会在右下角区域展示图形输出结果。

2. 获取帮助

使用R语言遇到困难时,查看帮助文档是解决问题最为有效的方式。单击RStudio的Help按钮即可查看帮助文档,帮助文档界面如图1-16所示。

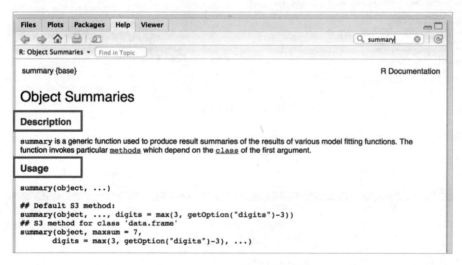

图1-16 RStudio帮助文档界面

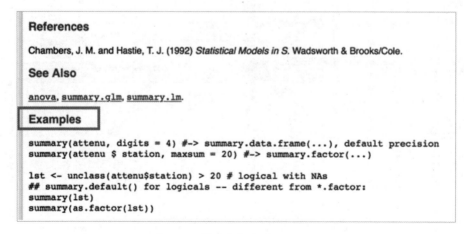

图1-17 帮助文档中的Examples

帮助文档中的函数文档很长,一般从两个地方切入:一个是先读 Description 和 Usage,如图 1-16 所示,整体了解函数基本功能及参数设置;另一个是帮助文档最后附带的 Examples,如图 1-17 所示,把它粘贴进编辑器,反复运行,体会每个参数的含义,是了解函数的重要方法。

如果使用帮助文档还不能很好地解决问题,那么通过搜索引擎检索问题将是不二之选。使用搜索引擎查找问题不仅可以完美捕捉 R 语言社区里的相关解答,还会搜索出其他各类形式、各种来源的辅助学习资料,让我们有机会深入了解问题。

3. 工作空间

工作空间(workspace)是 R 语言当前的工作环境或工作场所,存储着运行 R 语言时所定义的对象(向量、矩阵、数据框、列表)和函数。结束一个 R 语言会话时,如果希望下一次启动 R 语言时能够继续之前的工作,可以将当前的工作空间保存到一个镜像中,下次运行 R 语言时载入工作空间镜像即可。

工作空间存放在当前工作目录下的一个后缀为 .RData 的文件中,启动 R 语言时,工作空间将自动创建。直接单击运行窗口中的"关闭"按钮或使用命令 q() 退出 R 语言时,系统将提示是否需要保存工作空间,代码如下。

```
> q()
Save workspace image to ~/.RData? [y/n]:
```

当前的工作目录是 R 语言用来读取文件和保存结果的默认目录。我们可以使用 getwd() 函数来查看当前的工作目录,或使用 setwd() 函数设定当前的工作目录。输入如下代码,当前工作目录会被设置为 C:/DeskTop,注意此时斜杠的方向与计算机本地地址中的斜杠方向相反。使用 getwd() 函数可以显示出当前的工作目录的地址。

```
setwd("C:/DeskTop")
getwd()
## [1] "C:/DeskTop"
```

用于管理 R 语言工作空间的部分函数及功能如表 1-3 所示。

表 1-3 用于管理 R 语言工作空间的函数及功能

函数	功能
getwd()	显示当前的工作目录
setwd("mydirectory")	设定当前的工作目录为 mydirectory
ls()	列出当前工作空间中的对象
rm(objectlist)	移除(删除)一个或多个对象
help(options)	显示可用选项的说明
options()	显示或设置当前选项
history(#)	显示最近使用过的 # 个命令(默认值为 25)

续表

函数	功能
savehistory("myfile")	保存命令历史到文件myfile中(默认为.Rhistory)
loadhistory("myfile")	载入一个命令历史到文件myfile中(默认为.Rhistory)
save.image("myfile")	保存工作空间到文件myfile中(默认为.RData)
save(objectlist, file="myfile")	保存指定对象到文件myfile中
load("myfile")	读取工作空间myfile.RData到当前会话中
load("myfile.RData")	退出R语言时,将会询问是否保存工作空间

1.2.4 工具包

1. 什么是包

这一小节,我们来介绍R语言中可大大拓展分析功能的利器——R包。所谓R包,就是一个把R函数、数据、预编译代码以一种定义完善的格式汇集在一起的集合,如图1-18所示。

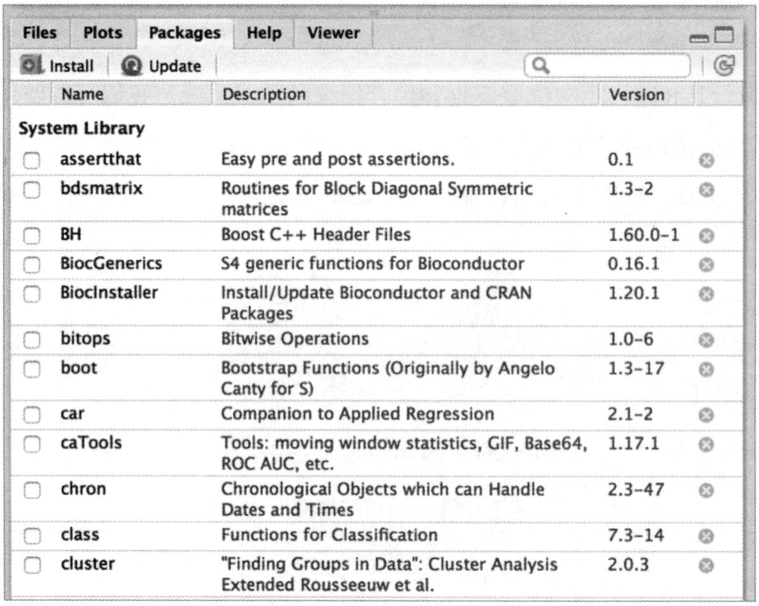

图1-18 RStudio中的R包

R语言在安装时会自带一系列默认包(包括base、datasets、stats、methods、graphics等),它们提供了功能丰富的函数与数据,使用search()函数可以知道工作空间里有哪些包可以直接使用。当然,如果需要更多、更厉害的拓展技能,就需要通过安装新包来实现了。

2. 包的安装

R语言的工具包一般通过CRAN镜像进行安装。在RStudio中R包有两种安装方法：一种是直接输入install.packages ("package_name")命令安装包，另一种是选中如图1-19所示的Packages选项后，单击Install按钮，就会弹出Install Packages提示框，在其中直接输入包的名称即可。

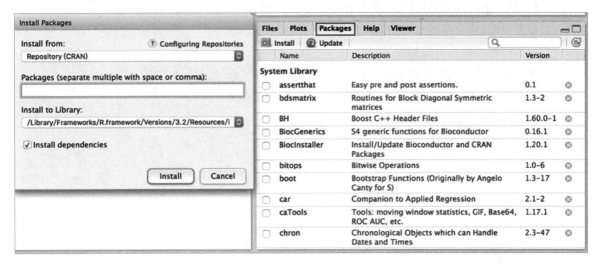

图 1-19　安装R包

3. 包的载入

包安装好后，需要载入才能调用它的函数。可以输入library("package_name")命令或require("package_name")命令对R包进行加载，这样就可以将包的函数载入工作空间随时使用了。通过前面介绍的使用帮助文档的方式，可以查看包内任一函数的使用方法。

1.3 本章小结

本章从统计分析入手，首先介绍了统计分析的4个主要步骤：了解业务问题、数据收集及清洗、数据描述及探索分析、模型构建及解读。在统计分析实务中，以上4个步骤必不可少。然后介绍了R语言下载与安装、如何使用及如何用好R语言这一利器。R语言是本书接下来各章节中配套使用的编程语言。

1.4 本章习题

1. 请列举一个统计分析应用案例,具体包含以下内容。
（1）数据说明:这个应用的因变量及其研究价值。
（2）列举可能获得的自变量。
（3）通过统计建模如何实现数据价值,并说明模型如何落地、如何产生价值。
2. 下载最新版R语言软件,并进行安装、启动和退出操作。
3. 安装并载入ggplot2程序包。

第二章
R语言中的数据管理及预处理

数据分析需要了解数据形式。数据一般以数据集的形式存储。一个电影数据集中的前5行信息如表2-1所示。可以看到,一个数据集的每一行代表一部电影的信息,每一行也称为一个观测(observation)。数据集的每一列代表一维属性的信息(如上映年份、电影评分等),数据集的每一列也称为变量(variable)。

表2-1 电影数据集数据示例

电影名称	上映日期/年	片长/分钟	导演	类型	评分	…
肖申克的救赎	1994	142	弗兰克·德拉邦特	剧情	9.6	…
霸王别姬	1993	171	陈凯歌	爱情	9.5	…
这个杀手不太冷	1994	110	吕克·贝松	动作	9.4	…
阿甘正传	1994	142	罗伯特·泽米吉斯	爱情	9.4	…
美丽人生	1997	116	罗伯托·贝尼尼	喜剧	9.5	…

拿到这样一个数据集后,首先要了解它的基本信息,如每一个观测代表什么,有多少个观测,这些观测是如何收集的。接下来需要对数据集中的每个变量逐一分析,完成基本的数据清洗工作。例如,对于电影数据集,要了解数据集中每个变量属于何种数据类型,是否需要进行数据类型转换,是否需

要对缺失值、异常值进行特殊处理等。在对数据进行一定的清洗、结构化处理后,接下来可进行具体的统计分析。

对数据集进行清洗和结构化处理需要对数据管理、数据预处理等操作了如指掌。具体而言,首先,要了解数据类型,常用的数据类型有数值型、字符型、逻辑型、因子型和时间型。其次,要清楚各类数据结构,常见的数据结构有向量、矩阵、数组、数据框和列表,它们是不同数据类型的组织形式。除此之外,还要对数据进行熟练的操作,常见的数据操作有查看、合并、删除、选择、汇总等。

 案例引入

背景介绍

电影是大众喜闻乐见的一种艺术形式。如今,电影市场百花齐放,喜剧片、动作片、科幻片、动画片等电影类型争奇斗艳,各类文化元素在电影中都得以展现。

随着我国人民生活水平的提高,看电影也成为不少家庭娱乐项目中的一个重要组成部分。从2008年的《赤壁(上)》(中国内地票房3.1亿),到2019年《哪吒之魔童降世》(最终票房破50亿),中国电影票房一直保持快速增长态势。《全球电影产业发展报告(2019)》统计数据显示,中国电影产业于2018年发展为全球第二。在中国电影市场蓬勃发展的同时,也出现了行业规范模糊、从业人员鱼龙混杂、烂片层出不穷的现象,有的电影在时间的长河中历久弥新,有的电影却消失得无声无息。高评分电影反映了观众的喜好,针对高评分电影进行统计分析可以为日后拍摄更多好电影提供数据支持。

数据介绍

本章采用某电影排行榜Top250的电影数据集。数据集包含250部电影的名称、评分等数据,具体变量如表2-2所示。

表2-2 电影数据集变量

变量类型		变量名	详细说明	取值范围
电影部分	属性	score	电影评分	[8.3,9.6]
		type	影片类型	爱情、动作、动画等
		duration	电影时长(分钟)	[84,131]
		rank	电影排名	[1,250]
		nation	制片国家/地区	中国、美国、英国等
	档期	showtime	电影上映时间	[1931/1/30,2017/11/24]
		year	电影上映年份	[1931,2017]
	导演基本信息	director	导演名字	导演名字

本章将以上述电影数据集为例,介绍常见的数据类型、数据结构,以及数据预处理操作方法。

本章难点

(1)了解基本的数据类型的含义与区别,包括数值型、字符型、逻辑型、因子型和时间型。

(2)掌握R语言中常用的存储数据的结构,包括向量、矩阵、数组、数据框和列表,熟练运用R语言中各个数据类型的对应函数。

(3)熟练使用R语言进行数据的读入与写出,并能对数据集进行预处理,包括数据集的合并,缺失值与异常值处理,数据格式转换,时间格式数据处理等。

2.1 基本数据类型

基本数据类型包括数值型、字符型、逻辑型、因子型和时间型。这些数据类型的区别在于数据存储的内容和形式不同。

2.1.1 数值型

数值型变量是一种定量数据类型,这类数据的取值是连续的。例如,电影数据集中的评分(score)就是数值型数据,可以通过如下代码查看这一列对应的数据类型。

```
class(movie$score) #查看数据类型
## [1] "numeric"
#为变量赋一个数值
a=2; class(a)
## [1] "numeric"
```

数值型的数据可以进行加减乘除运算。同时需要注意,R语言数值型数据中包含几种特殊情况:正无穷(Inf)、负无穷(-Inf)及NaN,NaN即非数值(Not a Number)。当数字大小超出存储范围(一般为1.8×10^{38})时,R语言就会将该数字当作正无穷处理。

```
exp(1000)   # 正无穷
## [1] Inf
-10 / 0   # 负无穷
## [1] -Inf
exp(1000) / exp(990)   # NaN类型
## [1] NaN
exp(10) # 指数
## [1] 22026.47
```

2.1.2 字符型

字符型变量是用于存储文字的变量类型。在R语言中,用英文引号定义的就是字符型数据。字符型数据可以存储各种形式的文字,如数字的文本模式就是一种兼容性较高的数据类型。同时也要注意,文字类型的数据有时并不是以字符型数据格式存储的。以下示例中,"abc"是以字符格式存储的,而数据集中的电影名称、电影类型等是以因子(factor)格式存储的。在实际数据处理中需要特别注意不同数据类型的区分。

```
#字符的定义
a = "abc"
class(a)
## [1] "character"
# 判断电影数据集中,变量"类型(type)""电影名称(name)"是不是字符型变量
class(movie$name)
## [1] "factor"
class(movie$type)
## [1] "factor"
```

2.1.3 逻辑型

逻辑型数据即取值为TRUE或FALSE的数据类型。它的作用主要体现在两方面:一方面是它常常出现在各种条件设定语句中,如if条件语句或逻辑判断语句。以下面代码为例,可以通过逻辑语句选取电影类型为喜剧且评分大于9分的电影名称,并进行展示。另一方面是逻辑型的结果可以进行加减运算,原因是TRUE在R语言中对应数字1,FALSE对应数字0,因此逻辑语句中的加减就相当于0和1之间的运算。

```
# 读入数据时设置保留字符数据,不转换为因子
movie = read.csv("Top250.csv", header = T, stringsAsFactors = F, fileEncoding = "gbk")
# 在数据集中挑选大于9分的喜剧电影名称(name)
movie$name[movie$type == "喜剧" & movie$score > 9]
## [1] "美丽人生"  "三傻大闹宝莱坞"  "触不可及"  "两杆大烟枪"
# 逻辑语句加减
(1 == 2) + (3 < 4)
## [1] 1
```

2.1.4 因子型

1. 因子型数据定义

因子型数据是R语言中比较特殊的一种数据类型,常用于存储类别型变量,如性别、年龄分段(未成年人、成年人)等。因子型数据可使用factor()命令来定义,代码如下。

```
(genders = factor(c("男", "女", "女", "男", "男")))#生成因子型变量
## [1] 男 女 女 男 男
## Levels: 男 女
```

以上命令将字符型数据转换为因子型数据,且转换分两步进行:第一步是区分字符类别数目,形成类型到整数的映射;第二步是将原字符按照整数形式存储。以上例中genders向量为例:首先建立字符"男""女"与整数1,2的映射关系,即男→1,女→2;接下来按照映射关系,将genders转为整数储存,即c(1, 2, 2, 1, 1)。除存储取值水平无序的类别型变量外,因子型数据还可以设置类别变量各水平的次序,代码如下。

```
(class = factor(c("Poor", "Improved", "Excellent"), ordered = T)) #设置因子水平高低
## [1] Poor     Improved  Excellent
## Levels: Excellent < Improved < Poor
```

2. 因子型数据和字符型数据转换

因子型数据和字符型数据可以互相转换。使用as.factor()函数,可以将字符型数据转换为因子型数据。反过来,使用as.character()函数,也可以将因子型数据转换为字符型数据。转换代码如下。

```
# 输入原始字符变量
all = c("男", "女", "女", "男", "男")
# 将字符型变量转换为因子型变量
gender = as.factor(all)
# 变换后的数据类型
is.factor(gender)
## [1] TRUE
class(gender)
## [1] "factor"
```

不同的数据类型可能会占用不同的数据存储空间。当类别型变量包含水平较少时(如性别),因子型数据比字符型数据更加节省存储空间。

2.1.5 时间型

时间型数据并不是一种单独的数据类型,在实际应用中时间型数据出现率极高。R语言的基础包中提供了两种时间数据类型:一种是Date日期数据,不包括时间和时区信息;另一种是POSIXct/POSIXlt类型数据,包括日期、时间和时区信息。

2.2 数据结构

数据结构是指数据元素的组织形式。具体而言,数据结构决定了不同类型数据的排列组合方式。R语言中常用的数据结构有5种:向量、矩阵、数组、数据框和列表。因为不同的数据结构能够存储不同类型的数据,所以用来处理它们的函数也有很大差异。

2.2.1 向量

向量(vector)是所有数据结构中最基础的形式,是用于存储同种类型数据的一维数组。例如,电影数据集中每一列就是一个向量,评分(score)对应的列是数值型向量,导演(director)对应的列是字符型向量。

向量的存储方式如图2-1所示。一个向量可以看作由许多格子组成,每个格子存储相同类型(如字符型)的元素。下面介绍向量的基本操作和常见类型。

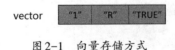

图2-1 向量存储方式

1. 基本操作

向量的基本操作包括创建向量、向量索引、集合运算。向量基本操作常用函数如表2-3所示。

表2-3 向量基本操作常用函数

函数	功能	语法结构
c	创建向量	c(object1, object2, …)
seq	生成一定间隔的数值序列向量	seq(from, to, by)
which	筛选出向量中满足特定条件的位置	which(logical vector)
which.max	提取向量中最大值的位置	which.max(vector)
which.min	提取向量中最小值的位置	which.min(vector)

续表

函数	功能	语法结构
intersect	找出两个向量的交集	intersect(vector1, vector2)
union	找出两个向量的并集	union(vector1, vector2)
setdiff	找出两个向量中不同的元素	setdiff(vector1, vector2)

(1)创建向量。具有元素组合功能的函数c()可用于创建向量,代码如下,c()函数将同类型元素组合成一个向量。

```
c(1, 1, 1, 2, 3, 3, 1, 2, 4, 1, 2, 4, 4, 2, 3, 4, 1, 2, 3, 4)
## [1] 1 1 1 2 3 3 1 2 4 1 2 4 4 2 3 4 1 2 3 4
c("a", "b", "c", "d")
## [1] "a" "b" "c" "d"
```

除此之外,还可以按照一定规律生成向量。例如,创建等差数列的向量可使用seq()函数;创建从a到b的连续整数数列,可使用a:b函数。

```
# seq(起始值, 终止值, 步长)
seq(0, 10, by = 2)   #创建0~10中以2为间隔的等差数列
## [1]  0  2  4  6  8 10
1:10 #生成1~10的连续数列
## [1]  1  2  3  4  5  6  7  8  9 10
```

(2)向量索引。访问向量中特定位置的元素可使用方括号[]实现。通过which()函数可获得特定元素的位置,通过which.max()函数和which.min()函数可以获取最大值元素与最小值元素的位置。

```
x <- c(1, 1, 1, 2, 3, 3)#生成向量
x[5]#  引用x向量中的第5个元素
## [1] 3
which(x == 3)         #查看x向量中3所在的位置
## [1] 5 6
which.max(x)          #查看x向量中最大值所在的位置
## [1] 5
which.min(x)          #查看x向量中最小值所在的位置
## [1] 1
```

(3)集合运算。一个向量可以看作一个集合,可进行常用的集合运算:求交集使用intersect()函数,求并集使用union()函数,求差集使用setdiff()函数。

```
intersect(c(1, 2, 3, 3, 12, 4, 123, 12), c(1, 2, 3))     #求交集
## [1] 1 2 3
union(c("狗熊会", "聚数据英才"), c("狗熊会", "助产业振兴"))#求并集
```

```
## [1] "狗熊会" "聚数据英才" "助产业振兴"
setdiff(10:2, 5:3) #求差集
## [1] 10  9  8  7  6  2
```

2. 常见向量类型及操作

(1)数值型向量。对数值型向量的常用操作是求最大值、最小值、范围等,代码如下。

```
x <- c(10,6,4,7,8)    #创建数值向量
min(x)#求最小值
## [1] 4
max(x)#求最大值
## [1] 10
range(x)#求范围
## [1] 4 10
```

数值型向量常用的函数如表2-4所示。

表2-4 数值型向量常用函数

函数	功能	语法结构
length	提取向量x的长度	length(x)
max	提取向量x中的最大值	max(x)
min	提取向量x中的最小值	min(x)
mean	提取向量x的平均值	mean(x)
median	提取向量x的中位数	median(x)
quantile	提取向量x的分位数	quantile(x,prob=seq(0,1,0.25))
sort	将向量x重新排序	sort(x, decreasing = TRUE), order(x, decreasing = TRUE)
order	返回一个向量x升序排序后的数字在原数据中的位置	order(x)
match	在y中逐个查找x,并返回在y中匹配的位置,若无返回NA	match(x,y)
cut	将数值型数据分区间转换成因子型数据,即将数值型数据离散化	cut(x,breaks,labels)

以下重点介绍在数据统计分析中常用的函数:match()、cut()、sort()和order()。

①match()函数。match()函数的语法结构是match(x, y),其中x为需要匹配的向量,y为被匹配的向量。match()函数的作用是匹配参数中指定的两个向量,返回一个长度和x一样的整数向量,表示x中的每个元素在y中的位置索引,若无匹配则在x的对应位置返回NA。

```
# match函数
x <- c("a", "c", "g", "h")
letters # 26个英文字母向量
## [1] "a" "b" "c" "d" "e" "f" "g" "h" "i" "j" "k" "l" "m" "n" "o" "p" "q"
```

```
## [18] "r" "s" "t" "u" "v" "w" "x" "y" "z"
match(x, letters) # 匹配向量x在letters中的位置
## [1] 1 3 7 8
```

如上例代码所示,match()函数在做两个对象匹配时很有用,它在向量letters中可以找到英文字母"a""c""g""h"所对应的位置。

②cut()函数。cut()函数的语法结构是cut(x, breaks, labels),其中x为向量,breaks为分割点,labels会为划分的区间打标签。该函数的作用是对数值型数据进行归类。cut()函数可以使连续数据离散化,即将连续型数据变成离散的定性数据来参与建模。代码如下,利用cut()函数可以将数值型年龄向量按照不同年龄区间划分为青年、中年和老年。

```
# cut函数
(Age = c(72,21,39,74,62,76,64,43,94,44,87,43,42,35,39,46,45,33,24,38))#生成向量
##  [1] 72 21 39 74 62 76 64 43 94 44 87 43 42 35 39 46 45 33 24 38
# 将年龄数据离散化
label = c('青年', '中年', '老年')   #设置标签
(ages = cut(Age, breaks = c(20, 35, 50, 100), labels = label))#划分区间
##  [1] 老年 青年 中年 老年 老年 老年 老年 中年 老年 中年 老年 中年 中年 青年
## [15] 中年 中年 中年 青年 青年 中年
## Levels: 青年 中年 老年
```

③sort()函数和order()函数。sort()函数的语法结构是sort(x, decreasing = TRUE),x为数值型向量,默认为递增排序,如果想得到递减的数据,可以设置decreasing=T。order()函数的语法结构是order(x, decreasing = TRUE),x为数值型向量,默认为递增排序,它的作用是返回排序后的数据在原始向量中的位置,代码如下,sort()函数返回的是数值向量由低到高排序后的向量(1,4,5,6,7),而order()函数返回的是向量x由低到高排序时每个数字的位置索引。向量(1,5,4,6,7)经过排序后可得(1,4,5,6,7),那么order()函数则会寻找排序后的每个分量在原始变量中的位置。例如,排序后的第2个数字4在原始向量中排第3位,则返回3。

```
# sort()函数和order()函数
(x = c(1,5,4,6,7))#生成向量
## [1] 1 5 4 6 7
sort(x)
## [1] 1 4 5 6 7
order(x)
## [1] 1 3 2 4 5
```

利用order()函数的返回值索引原数据,也可以得到与sort()函数一样的结果,代码如下。

```
x[order(x)]
## [1] 1 4 5 6 7
```

（2）字符串向量。字符串向量常见的操作有求长度、切分、粘贴、查找替换。字符串向量的常见函数及语法结构如表2-5所示。

表2-5 字符串向量的常见函数及语法结构

函数	功能	语法结构
nchar	提取字符串的长度	nchar(x)
substr	从字符串char1中提取子字符串	substr(char1,begin,end)
paste或paste0	粘贴两个字符串	paste(char1,char2)
grep	查找字符向量x中字符串char1的位置	grep(char1,x)
gsub	将字符向量x中的字符串char1替换为字符串char2	gsub(char1,char2,x)

① 求长度。nchar()函数的语法结构是nchar(x)，其中x是一个字符向量，它的作用是返回对应位置上字符串的长度。nchar()函数既可以提取中英文字符串长度，包括空白符，也可以作用于向量中的每个字符数据，返回向量中每个字符串的长度，代码如下。

```
# 提取字符串的长度
nchar("欢迎关注狗熊会")
## [1] 7
# 提取英文字符长度
nchar("Welcome to follow the CluBear")
## [1] 29
#提取电影名称的长度
nchar(movie$name)
##   [1] 6 4 7 4 4 4 5 6 4 6 5 7 7 6 9 5 2 2 2 4 4 3
```

② 字符串切分。提取子字符串的函数为substr()，它的语法结构是substr(x, begin_position, end_position)，其中x为字符串，begin_position和end_position分别是子字符串的起始位置和终点位置，代码如下。

```
# 提取子字符串
substr("欢迎关注狗熊会", 1, 4)
## [1] "欢迎关注"
substr("一懒众衫小", 3, 5)
## [1] "众衫小"
```

③ 字符串粘贴。切分可以让字符串变小，粘贴函数paste()则可以让字符串变长，它的语法结构是paste(..., sep = " ", collapse = NULL)，其中"..."表示要组合在一起的任意多的参数，sep表示参数之间的分隔符，collapse用于消除两个字符串之间的空间。

paste()函数既可以把一个向量的各个元素粘贴起来，也可以把多个向量对应位置上的元素统一粘贴起来，代码如下。

```
# paste()函数基本使用方法
paste(c("双11", "是个", "什么节日"), collapse = "")
## [1] "双11是个什么节日"
paste("A", 1:4)
## [1] "A 1" "A 2" "A 3" "A 4"
```

需要注意的是,参数sep和参数collapse都可以为字符串拼接设置拼接符号,但collapse的作用是把一个向量内部的元素拼接起来,而sep则适用于把不同向量对应位置拼接起来。观察以下代码,仔细体会参数collapse和参数sep的区别。

```
paste(1:4, collapse = "") # 将向量c(1,2,3,4)内部元素拼接成一个字符串
## [1] "1234"
paste("A", 1:4, sep="_")# 将字母A和向量c(1,2,3,4)分别对应拼接,拼接符号为"_"
## [1] "A_1" "A_2" "A_3" "A_4"
```

④字符串查找替换。查找替换函数是文本分析中常用的函数。查找函数grep()的语法结构是grep(pattern, x),其中pattern为要查找的值,x为查找对象。替换函数gsub()的语法结构是gsub(pattern, replacement, x),其中pattern为被替换对象,replacement为替代值,x为查找对象。如首先使用grep()函数查找字符向量中"Bear"元素的位置,结果会返回2。接下来通过gsub()函数将字符串"生日"替换为"happy birthday",代码如下。

```
txt = c("狗熊会", "CluBear", "双11", "生日")# 生成向量
# 返回含有关键字的字符位置
grep("Bear", txt)
## [1] 2
gsub("生日", "happy birthday", txt) # 将生日替换为happy birthday
## [1] "狗熊会" "CluBear" "双11" "happy birthday"
```

grep()函数和gsub()函数是清洗数据必备函数之一。下面看一个具体例子,陈凯歌是我国著名导演,如果我们想知道Top250的电影中是否有陈凯歌导演的电影,可以使用grep()函数查找导演向量(director)中是否含有"陈凯歌"的观测,代码如下。

```
# grep函数返回movie的director中包含"陈凯歌"的行号2,movie[2, ]即提取出电影数据集的第2行
(index <- grep("陈凯歌", movie$director))
## [1] 2
(cmovie <- movie[index, ])
##   rank    name    showtime  duration  director  type  score  nation
## 2  2    霸王别姬    1993       171      陈凯歌    爱情   9.5   中国大陆
##    Number.of.participants
## 2           723794
```

从以上结果可以看出,电影数据集中陈凯歌导演的电影是《霸王别姬》,在1993年上映,评分为9.5分。

2.2.2 矩阵

上一节介绍了R语言中重要的数据结构——向量,但是,向量只能展示一维数据信息,如果想要展示二维数据信息,则需要用到矩阵。矩阵(matrix)是一个二维数组,矩阵每一个元素的数据类型相同。

下面介绍矩阵的典型操作,即创建矩阵、矩阵的基本操作、矩阵的数学操作。

1. 创建矩阵

在R语言中可使用matrix()函数生成矩阵。matrix()函数语法结构是matrix(vector, nrow = number_of_rows, ncol= number_of_columns, byrow=T/F),其中vector为向量,nrow为行数,ncol为列数。通过matrix()函数,可以实现从向量到矩阵的转化,默认排序方式是按列排序。另外,也可以使用diag()函数将向量转化为以特定向量为对角线的对角矩阵。

```
# 生成内容为1~9的矩阵
(zero = matrix(1:9, nrow = 3, ncol = 3))
##      [,1] [,2] [,3]
## [1,]   1    4    7
## [2,]   2    5    8
## [3,]   3    6    9
```

```
# 生成一个对角线全是1的矩阵,直接在diag()函数中输入对角线向量即可
(dig14 = diag(rep(1, 4)))
##      [,1] [,2] [,3] [,4]
## [1,]   1    0    0    0
## [2,]   0    1    0    0
## [3,]   0    0    1    0
## [4,]   0    0    0    1
```

2. 矩阵的基本操作

矩阵的基本操作包括查看矩阵维数、矩阵索引、行列名更换、矩阵合并。矩阵的基本操作函数如表2-6所示。

表2-6 矩阵基本操作函数

函数	功能	语法结构
dim	查看矩阵行列数	dim(matrix)
nrow	提取矩阵行数	nrow(matrix)
ncol	提取矩阵列数	ncol(matrix)
rownames	提取矩阵行名	rownames(matrix)
colnames	提取矩阵列名	colnames(matrix)
rbind	根据行进行合并	rbind(matrix1,matrix2,⋯)
cbind	根据列进行合并	rbind(matrix1,matrix2,⋯)

(1)矩阵概览。拿到一个矩阵后,首先要了解这个矩阵的概况,如用dim()函数查看矩阵的行列数,或采用nrow()函数提取矩阵的行数,ncol()函数提取矩阵的列数。其次,索引矩阵中的某些元素与向量类似,将目标元素的位置用方括号括住即可。由于矩阵是二维,因此索引时需要给出其行列号。

```
dim(M)  # 查看矩阵的维度
## [1] 3 4
nrow(M)  # 提取矩阵的行数
## [1] 3
ncol(M)  # 提取矩阵的列数
## [1] 4
M[1, 2]  # 索引元素
## [1] 4
M[1:2, 2:3]  # 引用元素
##      [,1] [,2]
## [1,]   4    7
## [2,]   5    8
```

(2)矩阵行列名更换。提取或更改矩阵的行列名可通过rownames()函数和colnames()函数实现。给一个矩阵的行(列)批量命名相当于给一个向量赋值,这时paste()函数就可以派上用场。

```
# 给行列命名
colnames(M) = paste0("x_", 1:4)
rownames(M) = 1:3; M
##   x_1 x_2 x_3 x_4
## 1   1   4   7  10
## 2   2   5   8  11
## 3   3   6   9  12
# 同样的命令可调用行列名
colnames(M)
## [1] "x_1" "x_2" "x_3" "x_4"
rownames(M)
## [1] "1" "2" "3"
```

(3)矩阵合并。在实际中我们常常遇到需要将多个矩阵合并以扩充信息的情况。cbind()函数和rbind()函数可以实现矩阵合并,前者代表按列合并,后者代表按行合并,代码如下。

```
# 将多个矩阵合并
(A = matrix(1:9, nrow = 3, ncol = 3, byrow = T))
##      [,1] [,2] [,3]
## [1,]   1    2    3
## [2,]   4    5    6
## [3,]   7    8    9
(B = diag(11:13))
```

```
##      [,1] [,2] [,3]
## [1,]   11    0    0
## [2,]    0   12    0
## [3,]    0    0   13
```

```
rbind(A, B)
##      [,1] [,2] [,3]
## [1,]    1    2    3
## [2,]    4    5    6
## [3,]    7    8    9
## [4,]   11    0    0
## [5,]    0   12    0
## [6,]    0    0   13
```

```
cbind(A, B)
##      [,1] [,2] [,3] [,4] [,5] [,6]
## [1,]    1    2    3   11    0    0
## [2,]    4    5    6    0   12    0
## [3,]    7    8    9    0    0   13
```

3. 矩阵的数学操作

矩阵的数学操作包括加、减、乘、求逆、求转置、特征值分解(SVD)、奇异值分解等。矩阵的数学操作函数如表2-7所示。

表2-7 矩阵的数学操作函数

函数	功能	语法结构
+/-/*	对矩阵的各个元素完成加减乘运算	A+B;A-B;A*B
%*%	矩阵乘法	A%*%B
crossprod	矩阵 A 的转置与矩阵 B 的乘法	crossprod(A,B)
tcrossprod	矩阵 A 与矩阵 B 的转置的乘法	tcrossprod(A,B)
t	求矩阵 A 的转置	t(A)
solve	求矩阵 A 的逆	solve(A)
eigen	对矩阵进行SVD,输出特征值及特征向量	eigen(A)
svd	对矩阵进行SVD,结果可输出矩阵 A 的奇异值及两个正交阵 U、V	svd(A)

特别需要注意的是,在R语言中矩阵乘法使用的符号是"%*%",而不是"*"。矩阵的求逆运算使用solve()函数实现,而不是"M^{-1}"。在R语言中加、减、乘、求逆、求特征值的操作代码如下。

```
A + B #矩阵的加法
##      [,1] [,2] [,3]
## [1,]   12    2    3
## [2,]    4   17    6
```

```
## [3,]    7    8   22
```

```
A - B  #矩阵的减法
##      [,1] [,2] [,3]
## [1,]  -10   2    3
## [2,]   4   -7    6
## [3,]   7    8   -4
```

```
A * B  #矩阵各元素对应相乘
##      [,1] [,2] [,3]
## [1,]  11   0    0
## [2,]   0   60   0
## [3,]   0   0   117
```

```
A %*% B  #矩阵的乘法
##      [,1] [,2] [,3]
## [1,]  11   24   39
## [2,]  44   60   78
## [3,]  77   96  117
```

```
solve(B)  #求矩阵B的逆
##            [,1]       [,2]       [,3]
## [1,] 0.09090909 0.00000000 0.00000000
## [2,] 0.00000000 0.08333333 0.00000000
## [3,] 0.00000000 0.00000000 0.07692308
```

```
eigen(B)  #求矩阵B的特征值
## eigen() decomposition
## $values
## [1] 13 12 11
##
## $vectors
##      [,1] [,2] [,3]
## [1,]   0    0    1
## [2,]   0    1    0
## [3,]   1    0    0
```

2.2.3 数组

数组(array)是向量和矩阵的推广,用于表达三维或三维以上的数据。

1. 创建数组及索引元素

R语言使用array(data,dim,dimnames)函数创建数组,该函数至少需要两个向量参数:数组的元素值(data)向量和维度(dim)向量,第3个向量参数是可选的维度名(dimnames)向量。数组的维度是有顺序的,维度参数的第1个维度是行(row),第2个维度是列(column),第3个维度是高(high)。数组是按照维度的顺序把数据(data)填充到数组中。建立一个3*3*2维的数组,并给各维度赋值,代码如下。

```
# 创建数组
(result <- array(1:18, dim=c(3,3,2), dimnames = list(c("r1","r2","r3"), c("c1",
"c2","c3"), c("h1","h2"))))
## , , h1
## 
##    c1 c2 c3
## r1  1  4  7
## r2  2  5  8
## r3  3  6  9
## 
## , , h2
## 
##    c1 c2 c3
## r1 10 13 16
## r2 11 14 17
## r3 12 15 18
```

从数组中索引元素的方式与矩阵相似,都是通过方括号[ ]实现,代码如下。

```
result[1, 2, 2]#获取单个元素
## [1] 13
result[1, , ] #获取第一维度的数据
##    h1 h2
## c1  1 10
## c2  4 13
## c3  7 16
```

2. 操作数组元素

数组是由多个维度的矩阵组成,可以通过访问矩阵的元素来执行数组元素的相关操作。

```
matrix1<-result[, , 1]#获取数组中第一水平的矩阵
matrix2<-result[, , 2]#获取数组中第二水平的矩阵
(add<-matrix1+matrix2)#矩阵相加
##    c1 c2 c3
## r1 11 17 23
## r2 13 19 25
## r3 15 21 27
```

2.2.4 数据框

数据框(dataframe)是实际数据处理中最常用的数据结构形式。数据框的每一行可以存储一条数据记录,列可以存储不同类型的变量。因此,数据框的扩展性比只能存储单一数据类型的矩阵、数组更强。如表2-8所示,电影数据集在R语言是以数据框的形式存储的。

表2-8 电影数据集示例

电影名称	上映日期	片长	导演	类型	评分	…
肖申克的救赎	1994	142	弗兰克·德拉邦特	剧情	9.6	…
霸王别姬	1993	171	陈凯歌	爱情	9.5	…
这个杀手不太冷	1994	110	吕克·贝松	动作	9.4	…
阿甘正传	1994	142	罗伯特·泽米吉斯	爱情	9.4	…
美丽人生	1997	116	罗伯托·贝尼尼	喜剧	9.5	…
千与千寻	2001	125	宫崎骏	动画	9.2	…
泰坦尼克号	1998	194	詹姆斯·卡梅隆	爱情	9.2	…

需要注意的是,数据框的每一列必须是同一种数据类型,否则,R语言会将这一列的数据类型强制转换为兼容性更高的类型。例如,当某一列既有字符型数据又有数值型数据时,数据框会把该列所有元素强制转换成字符型。数据框的常用操作有创建、变形、数据汇总。

1. 创建数据框

创建数据框主要有两种实现方法:一种是直接读入外部数据,另一种是通过data.frame()函数直接输入数据创建。data.frame()函数的语法结构是mydata <- data.frame(col1, col2, col3,…),其中col1,col2, col3等可为任何类型数据(数值型、字符型或逻辑型),代码如下。

```
# 读入txt,csv等格式数据,即自成一个数据框
movie <- read.csv("Top250.csv", fileEncoding = "gbk", stringsAsFactors = F)
class(movie)
## [1] "data.frame"
# 直接创建
director <- c("陈凯歌","宫崎骏","李廷香","詹姆斯·卡梅隆","刘镇伟","周星驰",
"李安","姜文","张艺谋","吴宇森","岩井俊二","王家卫","陈可辛" )
birthyear <- c(1952,1941,1964,1954,1952,1962,1954,1963,1950,1946,1963,1958,
1962)
gender <- c("男","男","女","男","男","男","男","男","男","男","男","男",
"男")
directors <- data.frame(director, birthyear, gender); head(directors)
##      director birthyear gender
## 1     陈凯歌      1952     男
## 2     宫崎骏      1941     男
## 3     李廷香      1964     女
## 4 詹姆斯·卡梅隆  1954     男
## 5     刘镇伟      1952     男
## 6     周星驰      1962     男
```

2. 变形——长表宽表互换

在实际数据处理中,我们经常遇到长宽表互相转换问题。如表2-9所示,每一列分别记录了A电

影和B电影从2018年到2020年评分,这份评分数据以宽表的形式记录,后面3列描述的是不同年份的电影评分。

表2-9　2018年~2020年A电影和B电影的评分(宽表)

序号	Name	Type	2018	2019	2020
1	A	喜剧	6.5	7.0	8.1
2	B	动作	8.0	7.5	7.3

如果将时间单独记作一列,对应的评分记为另外一列,在表2-9的基础上减少列的维度,增加行的长度,即完成了从宽表向长表的转换。转换之后如表2-10所示。

表2-10　2018年~2020年A电影和B电影的评分(长表)

序号	Name	Type	Year	Score
1	A	喜剧	2018	6.5
2	B	动作	2018	8.0
3	A	喜剧	2019	7.0
4	B	动作	2019	7.5
5	A	喜剧	2020	8.1
6	B	动作	2020	7.3

表2-9到表2-10的转换就是宽表变长表的变形问题。

(1)宽表变长表。在R语言中使用reshape2包中的melt()函数可以实现宽表变长表的转换。melt()函数的语法结构为melt(data, id.vars, variable.name="variable", value.name="value"),其中id.vars为标识变量,即转换前后需要保留的列名(Name, Type);variable.name为新变量的列名(Year);value.name为新变量的对应值的列名(Score)。具体代码如下。

```
# 生成宽表
mWide = data.frame(Name = c("A", "B"), Type = c("喜剧", "动作"),
                   GF2018 = c(6.5, 8.0), GF2019 = c(7.0, 7.5), GF2020 = c(8.1, 7.3))
                # 因为构造数据框时列名不可以为纯数字,所以在数字前添加GF
colnames(mWide)[3:5] = gsub("GF", "", colnames(mWide)[3:5]) # 将列名中的GF去掉
mWide #查看宽表
##   Name Type 2018 2019 2020
## 1    A 喜剧  6.5  7.0  8.1
## 2    B 动作  8.0  7.5  7.3
(mLong = melt(mWide, id.vars = c("Name", "Type"), variable.name = "Year")) #宽表变长表

##   Name Type Year value
## 1    A 喜剧 2018   6.5
## 2    B 动作 2018   8.0
```

```
## 3    A  喜剧  2019  7.0
## 4    B  动作  2019  7.5
## 5    A  喜剧  2020  8.1
## 6    B  动作  2020  7.3
```

（2）长表变宽表。从长表变成宽表对应的函数是dcast()，它同样在reshape2包中。dcast()函数的语法结构为dcast(data, formula)，其中data为要变形的数据框，formula为变形公式。公式左侧变量都会作为结果中的一列保留，而右侧的变量被当成因子类型，每个水平值都会在结果中新生成一个单独列，具体代码如下。

```
# 长表变宽表
dcast(mLong, Name + Type ~ Year)
##   Name Type 2018 2019 2020
## 1    A  喜剧  6.5  7.0  8.1
## 2    B  动作  8.0  7.5  7.3
```

3. 制作数据透视表

Excel最常用的功能之一就是数据透视表，R语言dplyr包中的summarise()函数和group_by()函数的结合类似数据透视表里分组计算的功能。group_by()的语法结构为group_by(data, ...)，其中data为待分组的数据框，"..."为分组属性，它的作用是将数据框按某种属性分组。summairse()的语法结构是summarise(data, functions)，其中data是分好组的数据框（使用group_by函数处理后），functions为汇总函数，它的作用是对数据进行汇总操作，如计算平均值、最大值、最小值等。

示例使用两个函数计算电影数据集中不同类型电影评分的平均值和最大值，代码如下。

```
popular_type_grouped = group_by(movie,type)#根据电影类型进行分组
popular_type1 = summarise(popular_type_grouped,
                mean_score = mean(score),#计算不同类型电影的平均评分
                max_score = max(score))#计算不同类型电影的最高评分
head(popular_type1)
## # A tibble: 6 x 3
##   type  mean_score max_score
##   <chr>      <dbl>     <dbl>
## 1 爱情        8.22       9.5
## 2 传记        7.97       9.1
## 3 动画        7.31       9.2
## 4 动作        8.01       9.4
## 5 犯罪        7.43       9.6
## 6 歌舞        8.95       9
```

上述代码中需要对中间变量进行命名、赋值，在操作上比较重复。dplyr包中的管道函数"%>%"可以实现由一行操作多个步骤，省去中间变量的命名操作，使得代码更加简洁。利用管道函数操作的代码如下。

```
#利用管道函数%>%省去中间变量命名
popular_type2 = movie%>%group_by(type)%>%
  summarise(mean_score = mean(score),#计算不同类型电影的平均评分
            max_score = max(score))#计算不同类型电影的最高评分
head(popular_type2)
## # A tibble: 6 x 3
##   type  mean_score max_score
##   <chr>      <dbl>     <dbl>
## 1 爱情        8.22       9.5
## 2 传记        7.97       9.1
## 3 动画        7.31       9.2
## 4 动作        8.01       9.4
## 5 犯罪        7.43       9.6
## 6 歌舞        8.95       9
```

数据框作为最常用的数据结构,能够处理它的函数多不胜数,熟悉了前面介绍的基本函数后,还要养成持续优化代码的习惯。

2.2.5 列表

列表(list)是 R 语言中可以容纳各种类型数据的数据对象,如向量、矩阵、数据框,甚至一个列表也可以成为另一个列表的元素。列表同样是一种非常重要的数据结构,很多复杂的统计函数最终的返回结果就是列表形式。下面介绍处理列表数据的常用操作,包括创建列表、列表的基本操作(查看、索引与添加元素)、列表中的**ply函数。

1. 创建列表

创建列表使用list(object1, object2, ...)函数,其中 object 为对象。下面的对象 example 是一个列表示例,它的第1个元素为字符串,第2个元素为数值向量,第3个元素是矩阵,第4个元素则是数据框。

```
(example = list("abc", 3:5, matrix(1, nrow = 3, ncol = 4), data.frame(x = 1:4,
y = paste0("boy_", 1:4))))
## [[1]]
## [1] "abc"
##
## [[2]]
## [1] 3 4 5
##
## [[3]]
##      [,1] [,2] [,3] [,4]
## [1,]    1    1    1    1
## [2,]    1    1    1    1
## [3,]    1    1    1    1
##
```

```
## [[4]]
##   x   y
## 1 1 boy_1
## 2 2 boy_2
## 3 3 boy_3
## 4 4 boy_4
```

2. 列表的基本操作

列表的基本操作包括查看、索引和添加元素。

(1)查看列表。使用str()函数能够快速查看列表结构,下面展示一个复杂列表的例子。对于这样的复杂列表,很难直接看出其结构组成,此时可以使用str()函数,以层级方式展示列表中的对象构成。

```
## $first
## $first[[1]]
## [1] 1 2
## 
## 
## $second
## $second[[1]]
##  [1] "a" "b" "c" "d" "e" "f" "g" "h" "i" "j" "k" "l" "m" "n" "o" "p" "q"
## [18] "r" "s" "t" "u" "v" "w" "x" "y" "z"
## 
## $second[[2]]
## $second[[2]][[1]]
##      [,1] [,2]
## [1,]    1    3
## [2,]    2    4
```

```
str(complex)
## List of 2
##  $ first :List of 1
##   ..$ : int [1:2] 1 2
##  $ second:List of 2
##   ..$ : chr [1:26] "a" "b" "c" "d" ...
##   ..$ :List of 1
##   .. ..$ : int [1:2, 1:2] 1 2 3 4
```

由str()函数输出可知,complex列表由两个子列表构成,其中第1个列表包含两个整数,第2个列表包含两个对象:一个是英文字母的文本向量,另一个是list对象。

(2)列表的索引与添加。

①索引。列表有两种索引方式,一种为列表中子元素的名字索引,另一种为子元素的序号索引。以下代码展示了如何用名字、序号来索引complex的第1个元素。

```r
# 利用名字索引元素
complex$first
```
```
## [[1]]
## [1] 1 2
```
```r
# 利用序号索引元素
complex[[1]]
```
```
## [[1]]
## [1] 1 2
```

②添加元素。添加列表元素同样有利用名字添加和利用序号添加两种方式,代码如下。

```r
# 利用名字添加元素
complex$new = 1:5; complex
```
```
## $first
## $first[[1]]
## [1] 1 2
##
##
## $second
## $second[[1]]
##  [1] "a" "b" "c" "d" "e" "f" "g" "h" "i" "j" "k" "l" "m" "n" "o" "p" "q"
## [18] "r" "s" "t" "u" "v" "w" "x" "y" "z"
##
## $second[[2]]
## $second[[2]][[1]]
##      [,1] [,2]
## [1,]    1    3
## [2,]    2    4
##
##
##
## $new
## [1] 1 2 3 4 5
```
```r
# 利用序号添加元素
complex[[3]] = matrix(1, 2, 3); complex
```
```
## $first
## $first[[1]]
## [1] 1 2
##
##
## $second
## $second[[1]]
##  [1] "a" "b" "c" "d" "e" "f" "g" "h" "i" "j" "k" "l" "m" "n" "o" "p" "q"
## [18] "r" "s" "t" "u" "v" "w" "x" "y" "z"
##
```

```
## $second[[2]]
## $second[[2]][[1]]
##      [,1] [,2]
## [1,]   1    3
## [2,]   2    4
## 
## $new
##      [,1] [,2] [,3]
## [1,]   1    1    1
## [2,]   1    1    1
```

3. 列表中的**ply函数

实务分析中的列表形式一般比较简单,常见的是每个列表元素存放同样类型的数据(如数据框)。对于列表数据的每个元素,可以进行同样的函数操作(如求均值),此时需要用到 **ply 函数。常用的 **ply 函数有 lapply()、sapply()、mapply()及 tapply()等,各函数的功能与语法结构如表 2-11 所示。

表 2-11 **ply函数说明表

函数	功能	语法结构
lapply	以列表形式输出分组统计结果	lapply(x, FUN, ...)
sapply	以向量、矩阵形式输出分组统计结果	sapply(x, FUN, ...)
mapply	函数 sapply 的多变量版本	mapply(x, FUN, ...)
tapply	分组统计	tapply(x, index, FUN, ...)

下面以一份虚拟的"图书销售数据"为例说明 lapply()、sapply()和 mapply()这3个函数的具体作用,近几年图书的价格如下。

```
#图书的单价,单位(元/本)
(price = list(year2014 = 36:33, year2015 = 32:35, year2016 = 30:27))
## $year2014
## [1] 36 35 34 33
## 
## $year2015
## [1] 32 33 34 35
## 
## $year2016
## [1] 30 29 28 27
```

(1)lapply()函数。图书基本上每年每个季度都要调整一次价格,每年的图书均价都会发生变化,使用 lapply()函数可以同时求出3年图书价格的均值。

```
# lapply函数返回列表
lapply(price, mean)
## $year2014
```

```
## [1] 34.5
## 
## $year2015
## [1] 33.5
## 
## $year2016
## [1] 28.5
```

　　lapply()函数可以对列表中的所有元素分别实施某种"相同的操作",在上面的示例中这个"相同的操作"就是求均值,也可以换成求标准差、求分位数等其他可以操作数值向量的函数,代码如下。

```
# 求标准差
lapply(price, sd)
## $year2014
## [1] 1.290994
## 
## $year2015
## [1] 1.290994
## 
## $year2016
## [1] 1.290994
# 求分位数
lapply(price, quantile)
## $year2014
##     0%    25%    50%    75%   100%
## 33.00  33.75  34.50  35.25  36.00
## 
## $year2015
##     0%    25%    50%    75%   100%
## 32.00  32.75  33.50  34.25  35.00
## 
## $year2016
##     0%    25%    50%    75%   100%
## 27.00  27.75  28.50  29.25  30.00
```

　　(2)sapply()函数。lapply()函数输出的结果为列表形式,使用sapply()函数可以以向量、矩阵形式输出结果。sapply()函数与lapply()函数的工作原理类似,只是输出结果的形式不同,操作结果如下所示。

```
# sapply函数默认返回向量或矩阵
sapply(price, mean)
## year2014 year2015 year2016
##     34.5     33.5     28.5
sapply(price, sd)
```

```
## year2014 year2015 year2016
## 1.290994 1.290994 1.290994
sapply(price, quantile)
##      year2014 year2015 year2016
## 0%      33.00    32.00    27.00
## 25%     33.75    32.75    27.75
## 50%     34.50    33.50    28.50
## 75%     35.25    34.25    29.25
## 100%    36.00    35.00    30.00
```

（3）mapply()函数。mapply()函数能对多个列表中相同位置的元素共同作用,是sapply()函数的多变量版本。

以图书的销售数据为例,如果想知道图书销售的年终总额,需要了解价格和销售数量,下面示例中的amount为统计的各个季度的书籍销量数据。

```
# mapply可以将price与amount对应元素相乘
(amount = list(year2014 = rep(200, 4), year2015 = rep(100, 4), year2016 = rep(300, 4)))
## $year2014
## [1] 200 200 200 200
##
## $year2015
## [1] 100 100 100 100
##
## $year2016
## [1] 300 300 300 300
```

计算每个季度的总收入,需要把每年每个季度的价格与其对应的销量相乘,lapply()函数和sapply()函数都无法执行此操作,此时需要使用mapply()函数,代码如下。

```
(income_quarter = mapply("*", price, amount))
##      year2014 year2015 year2016
## [1,]     7200     3200     9000
## [2,]     7000     3300     8700
## [3,]     6800     3400     8400
## [4,]     6600     3500     8100
```

上面的代码中,mapply()函数分别把price的第一个元素year2014与amount的第一个元素year2014相乘,price的第二个元素year2015与amount的第二个元素year2015相乘,以此类推。

2.3 数据的读入及写出

前文已经介绍了数据类型和数据结构,下面介绍如何将数据读入R语言中。主要的数据读取方式包括直接输入数据集、外部系统读入(读入文本文件、Excel格式文件)。对于不规则格式的数据文件,还可以逐行读入。

2.3.1 直接输入数据

当需要读入的数据较少时,可通过键盘输入数据。主要输入方式包括直接输入及利用R语言内置表格编辑器输入。

(1)直接输入数据集。可以通过定义变量或数据集的方式输入规模较小的数据,代码如下。

```
# 输入向量
scores <- c(61,66,84,80,100)
# 输入数据集
mydatatxt <-"name gender age
张三  M 20
李四  F 23
"
(mydata <-read.table(header = TRUE, text = mydatatxt)) # 读取数据集
##    name gender age
## 1  张三      M  20
## 2  李四      F  23
```

以上代码中,mydatatxt创建了一个字符型变量来存储原始数据,然后通过read.table()函数处理字符串并返回数据框。

(2)使用R语言内置的表格编辑器输入数据集。首先建立一个空的数据框,再使用R语言内置的表格编辑器填充内容。

```
scores <- data.frame()      #建立一个空数据框
scores <- edit(scores)      #触发R语言内置表格编辑器后输入数据
```

2.3.2 从带分隔符的文本文件中导入数据

文本文件是一种常用的数据文件格式,read.table()函数可以从带分隔符的文本文件中导入数据,并生成一个数据框。常见的文本文件的数据格式为csv,它是一种用逗号分隔每一列数据的文件,跨平台支持性能好,大部分数据软件都可以直接处理。读入csv文件可使用read.csv()函数。下面分别讲解这两个函数的示例及作用。

1. read.table()函数

read.table()函数的语法结构为read.table(file,options),其中file是一个带分隔符的文本文件,options是控制如何处理数据的参数选项。常见的read.table()函数参数选项如表2-12所示,更多内容可参考帮助文档。

表2-12 read.table()函数的参数选项及描述

选项	描述
header	逻辑型变量,header = TRUE 表示数据文件第一行为变量名;header = FALSE 表示数据文件第一行非变量名。默认 header = FALSE
sep	分隔符。默认值为sep = "",即将1个或多个空格、tab制表符、换行符或回车符作为分隔符
col.names	如果数据文件的第一行不是变量名,col.names可指定一个包含变量名的字符向量
na.strings	用于表示缺失值的字符向量,默认 na.strings = "NA"
fileEncoding	字符串类型,指定文件的编码方式。如果指定了该参数,则文本数据按照指定的格式重新编码
stringsAsFactors	逻辑型变量,stringsAsFactors=TRUE表示需要将字符型变量转化为因子型变量,否则不进行转换。默认 stringsAsFactors=TRUE

read.table()函数的示例如下。在以下代码中,设置header = TRUE表示读入时将第一行数据作为变量名称,分隔符设置为"\t",数据编码设置为GBK。

```
#从txt中读入数据,分隔符为"\t"
tes = read.table("Top250.txt", header = TRUE, sep = "\t",fileEncoding = "GBK");
head(tes)
##     rank  name           showtime  duration  director      type   score
## 1   1     肖申克的救赎    1994      142       弗兰克·德拉邦特  剧情   9.6
## 2   2     霸王别姬        1993      171       陈凯歌        爱情   9.5
## 3   3     这个杀手不太冷  1994      110       吕克·贝松     动作   9.4
## 4   4     阿甘正传        1994      142       罗伯特·泽米吉斯 爱情   9.4
## 5   5     美丽人生        1997      116       罗伯托·贝尼尼  喜剧   9.5
## 6   6     千与千寻        2001      125       宫崎骏        动画   9.2
##     nation
## 1   美国
## 2   中国
## 3   法国
## 4   美国
## 5   意大利
## 6   日本
```

2. read.csv()函数

read.csv()函数的语法结构与read.table()函数类似,也是read.csv(file,options),它是为csv文件量身定做的读取数据的方式,因此在读入数据时无须特别设定分隔符。

```
#专用函数read.csv
movie_csv = read.csv("Top250.csv", fileEncoding = "GBK"); head(movie_csv)
##   rank      name       showtime  duration  director         type  score
## 1    1  肖申克的救赎       1994      142     弗兰克·德拉邦特    剧情    9.6
## 2    2    霸王别姬        1993      171     陈凯歌           爱情    9.5
## 3    3  这个杀手不太冷     1994      110     吕克·贝松        动作    9.4
## 4    4    阿甘正传        1994      142     罗伯特·泽米吉斯   爱情    9.4
## 5    5    美丽人生        1997      116     罗伯托·贝尼尼    喜剧    9.5
## 6    6    千与千寻        2001      125     宫崎骏           动画    9.2
##    nation
## 1  美国
## 2  中国
## 3  法国
## 4  美国
## 5  意大利
## 6  日本
```

2.3.3 导入 Excel 数据

读入 xls(xlsx) 格式的数据一般有两种方式,当文件数量不多时,可以将数据另存为 csv 格式并进行读取,也可以直接通过 readxl 包中的 read_excel() 函数读取,具体代码如下。

```
library("readxl")  # 加载包
# 其中col_names参数仍然设定为是否把第一行当作变量名
movie_excel = data.frame(read_excel("Top250.xlsx", col_names = TRUE)); head(movie_excel)
##   rank      name       showtime  duration  director         type  score  nation
## 1    1  肖申克的救赎      34587     142     弗兰克·德拉邦特    剧情    9.6   美国
## 2    2    霸王别姬       33970     171     陈凯歌            爱情    9.5   中国
## 3    3  这个杀手不太冷    34591     110     吕克·贝松         动作    9.4   法国
## 4    4    阿甘正传       34508     142     罗伯特·泽米吉斯   爱情    9.4   美国
## 5    5    美丽人生       35784     116     罗伯托·贝尼尼     喜剧    9.5   意大利
## 6    6    千与千寻       37092     125     宫崎骏            动画    9.2   日本
```

2.3.4 逐行读入数据

在文件较大或格式较为复杂的情况下,直接将文件读入内存会花费很长时间。因此,可以每次读入一行文件,逐行处理。

使用 readLines() 函数可实现逐行读入数据,它的主要参数只有一个文件名,读入一行数据后可以将其作为一个字符存储处理,读入文件的行数可以设置。如下代码可以读入数据集的前10行数据。

```
#建立与文件的连接
con<-file("Top250.csv")
#逐行读入所有数据
line_all<-readLines(con)
#读取前10行数据
line_10<-readLines(con,n=10)
line_10
##  [1] "rank,name,showtime,duration,director,type,score,nation"
##  [2] "1,肖申克的救赎,1994,142,弗兰克·德拉邦特,剧情,9.6,美国"
##  [3] "2,霸王别姬,1993,171,陈凯歌,爱情,9.5,中国"
##  [4] "3,这个杀手不太冷,1994,110,吕克·贝松,动作,9.4,法国"
##  [5] "4,阿甘正传,1994,142,罗伯特·泽米吉斯,爱情,9.4,美国"
##  [6] "5,美丽人生,1997,116,罗伯托·贝尼尼,喜剧,9.5,意大利"
##  [7] "6,千与千寻,2001,125,宫崎骏,动画,9.2,日本"
##  [8] "7,泰坦尼克号,1998,194,詹姆斯·卡梅隆,爱情,9.2,美国"
##  [9] "8,辛德勒的名单,1993,195,史蒂文·斯皮尔伯格,历史,9.4,美国"
## [10] "9,盗梦空间,2010,148,克里斯托弗·诺兰,科幻,9.3,美国"
close(con)#关闭连接
```

对于逐行读取的内容,可以使用分隔函数 strsplit()将内容按其分隔符分开,对上例中电影数据进行分隔的代码如下。

```
split_line=strsplit(line_all,",")#分隔符为","
head(split_line,3)
## [[1]]
## [1] "rank"     "name"          "showtime"  "duration" "director"    "type"
## [7] "score"    "nation"
##
## [[2]]
## [1] "1"        "肖申克的救赎"   "1994"      "142"      "弗兰克·德拉邦特" "剧情"
## [5] "9.6"      "美国"
##
## [[3]]
## [1] "2"        "霸王别姬"       "1993"      "171"      "陈凯歌"        "爱情"
## [7] "9.5"      "中国"
```

2.3.5 数据的写出

1. write()函数

write()函数可以将数据写入纯文本文件,它的语法结构为 write(x, file = "data", ncolumns = if(is.character(x)) 1 else 5, append = FALSE)。其中,x 为要写入的数据,通常为向量或矩阵;file 为文件名,默认值为"data";ncolumns 为列数,如果是字符型数据,默认值为1,如果是数值型数据,默认值为5;append=TRUE 表示添加数据到原文件中,默认值为FALSE,表示覆盖原文件。写出一个矩阵数据的代码如下。

```
(X <- matrix(1:12, ncol = 6))#生成矩阵
##      [,1] [,2] [,3] [,4] [,5] [,6]
## [1,]    1    3    5    7    9   11
## [2,]    2    4    6    8   10   12
write(X, file = "Xdata.txt")#数据写出
```

打开Xdata.txt文件,文件中的内容如下。

1 2 3 4 5

6 7 8 9 10

11 12

这表明在写出数据的过程中,是将数据按列写出,默认每行5个数据。

2. write.table()函数和write.csv()函数

write.table()函数将对象写入某个文件中,如果该对象不是矩阵或数据框,则被强制转换为数据框。write.csv()函数为write.table()函数的变形,它将数据存储为带有逗号分隔的csv格式文件。

write.table()函数的语法结构为write.table(x, file, options)。其中,x为要写入的对象,file为文件名,options是控制数据如何写出的参数选项。常见的write.table()函数参数选项如表2-13所示,更多内容见帮助文档。

表2-13　write.table()函数的参数选项

选项	描述
append	逻辑型变量,append = TRUE 表示添加数据到原文件中,默认值为FALSE,表示覆盖原文件
quote	逻辑型变量,默认为 quote = TRUE,表示变量名放到双引号中
sep	分隔符,默认值为 sep = "",即将1个或多个空格、tab制表符、换行符或回车符作为分隔符
na	na = "NA"表示缺失值用NA表示
row.names	逻辑型变量,row.names = FALSE 表示行名不写入文件,默认值为TRUE

write.csv()函数的调用方法与write.table()函数类似。两函数的代码如下。

```
write.table(directors, file = "directors.txt")#生成txt文件
write.csv(directors, file = "directors.csv")#生成csv文件
```

2.4 数据集管理及预处理

数据集管理及预处理是分析实际业务问题的开端,有序的数据管理和预处理流程将为后续统计

分析及建模工作做好充分准备。

2.4.1 了解数据概况

拿到数据集后需要先查看数据的概况，主要通过 R 语言中的汇总函数实现。首先，使用 str() 函数查看每列数据的类型，了解取值情况；接下来可通过 summary() 函数查看每列数据的汇总统计。对于连续型变量，summary() 函数将展示该变量的五分位数及均值；对于以因子格式存储的分类型数据，summary() 函数会返回每个水平的频数统计。str() 函数和 summary() 函数的演示代码如下。由 str() 函数结果可以知道 movie 是数据框，它有 8 个变量，250 条记录，同时也能看到不同变量的类型及其示例。由 summary() 函数结果可以看到数据框中数值型变量的五分位数、均值及字符型变量的长度。

```
str(movie)
## 'data.frame':    250 obs. of  8 variables:
##  $ rank     : int  1 2 3 4 5 6 7 8 9 10 ...
##  $ name     : chr  "肖申克的救赎" "霸王别姬" "这个杀手不太冷" "阿甘正传" ...
##  $ showtime : chr  "1994" "1993" "1994" "1994" ...
##  $ duration : int  142 171 110 142 116 125 194 195 148 98 ...
##  $ director : chr  "弗兰克·德拉邦特" "陈凯歌" "吕克·贝松" "罗伯特·泽米吉斯" ...
##  $ type     : chr  "剧情" "爱情" "动作" "爱情" ...
##  $ score    : num  9.6 9.5 9.4 9.4 9.5 9.2 9.2 9.4 9.3 9.3 ...
##  $ nation   : chr  "美国" "中国" "法国" "美国" ...
summary(movie)
##       rank            name             showtime            duration
##  Min.   :  1.0   Length:250         Length:250         Min.   : 45.0
##  1st Qu.: 60.5   Class :character   Class :character   1st Qu.:103.0
##  Median :126.5   Mode  :character   Mode  :character   Median :118.0
##  Mean   :125.9                                         Mean   :122.2
##  3rd Qu.:190.0                                         3rd Qu.:136.0
##  Max.   :250.0                                         Max.   :238.0
##                                                        NA's   :12
##    director             type               score            nation
##  Length:250         Length:250         Min.   :-1.000   Length:250
##  Class :character   Class :character   1st Qu.: 8.500   Class :character
##  Mode  :character   Mode  :character   Median : 8.700   Mode  :character
##                                        Mean   : 7.853
##                                        3rd Qu.: 8.900
##                                        Max.   : 9.600
##
```

2.4.2 变量类型转换

1. 基本数据类型之间的转换

变量类型转换可以分为两步:第一步是利用is族函数判断变量类型,第二步是通过as族函数转换变量类型。常见的is族函数和as族函数如表2-14所示。

表2-14 常见is族函数与as族函数

函数	描述
is.numeric()	判断是否为数值型数据
is.logical()	判断是否为逻辑型数据
is.character()	判断是否为字符型数据
is.factor()	判断是否为因子型数据
as.numeric()	将数据类型转换为数值型
as.logical()	将数据类型转换为逻辑型
as.character()	将数据类型转换为字符型
as.factor()	将数据类型转换为因子型

下面展示一个数据类型转换的例子,其中,a的原始赋值为字符型数据1,使用is.numeric()函数判断得知该数据不是数值型数据;随后通过as.numeric()函数对其进行数据类型转换,转换后数据类型为数值型。

```
a="1"#将1赋值给a
is.numeric(a)#判断a是否是数值型数据
## [1] FALSE
a <- as.numeric(a)#将a转换为数值型数据
is.numeric(a)#再次判断a是否为数值型数据
## [1] TRUE
```

2. 不同结构化数据类型间的转换

结构化数据类型之间的转换与基本数据类型转换相似,即先使用class()函数判断数据类型,再使用as族函数进行转换。常见的结构化数据类型之间的转换函数如表2-15所示。

表2-15 常见结构化数据类型转换函数

函数	描述
as.data.frame()	转换为数据框
as.list()	转换为列表
as.matrix()	转换为矩阵
as.vector()	转换为向量

以下代码展示了一个结构化数据类型之间的转换。通过as.data.frame()函数将table格式的数据转换为数据框格式。

```
tbl <- table(movie$nation)#统计不同国家的频次
class(tbl)#查看数据格式
## [1] "table"
tbl <- as.data.frame(tbl)#将table格式转化为数据框
class(tbl)
## [1] "data.frame"
```

3. 日期值转换

(1)将字符转换成Date日期格式。Date日期数据为精确到日的时间形式,使用as.Date()函数可以将字符转换为Date日期格式。as.Date()函数的语法结构为as.Date(x, format),其中x为被转换的字符,format为指定输入字符的格式(包括年月日排列的顺序及表达方式),日期格式示意如表2-16所示。

表2-16 日期格式(format)示意

符号	含义	示例
%d	day as a number(0-31)	01-31
%a	abbreviated weekday	Mon
%A	unabbreviated weekday	Monday
%m	month(00~12)	00~12
%b	abbreviated month	Jan
%B	unabbreviated month	January
%y	2-digit year	07
%Y	4-digit year	2007

as.Date()函数默认可自动识别以斜杠(2017/12/23)和短横线(2017-12-23)连接的日期格式,并统一转换为以短横线连接的形式。对一个数据集中的"上映日期"数据进行转换的代码如下。

```
head(movie$showtime) # 查看数据集的前6个元素
## [1] "1994/9/10"  "1993/1/1"   "1994/9/14"  "1994/6/23"  "1997/12/20"
## [6] "2001/7/20"
class(movie$showtime) # 查看对象数据类型
## [1] "character"
movie$showtime = as.Date(movie$showtime)
head(movie$showtime) # 使用head()函数查看数据前6个元素
## [1] "1994-09-10" "1993-01-01" "1994-09-14" "1994-06-23" "1997-12-20"
## [6] "2001-07-20"
class(movie$showtime) # 查看对象数据类型
## [1] "Date"
```

若字符不是以斜杠或短横线连接的日期格式,则需要在format参数中输入对应法则。

```
as.Date('1/15/2020', format = '%m/%d/%Y') # 对日/月/年类型字符进行日期转换
## [1] "2020-01-15"
```

(2)将字符转换成POSIXct或POSIXlt时间格式。POSIXct或POSIXlt时间格式是精确到秒级的时间戳,时间戳是指格林尼治时间1970年01月01日00时00分00秒起至现在的总毫秒数。随着智能化设备、传感器设备的普及,记录的数据也越来越精准,很多时间类型数据都可以精确记录到秒级。这类数据可以使用as.POSIXct()函数转换为R语言可识别的数据类型。

as.POSIXct()函数的语法结构为as.POSIXct(x, origin),其中x为时间戳,origin为时间起点。将时间戳转化为POSIXct时间格式的代码如下。

```
as.POSIXct(1472562988, origin = "1960-01-01")# 日期值转换,以1960-01-01为起点
## [1] "2006-08-30 21:16:28 CST"
```

2.4.3 时间型数据的操作

针对时间型数据的常用操作有特征提取、差值运算、排序运算。

1. 特征提取

时间型数据的特征提取主要指提取年、月、日、时、分、秒的信息。在R语言中可以通过lubridate包实现,代码如下。

```
library(lubridate)#加载lubridate包
t = "2020-11-20 01:30:29"
year(t)#提取年份
## [1] 2020
month(t)#提取月份
## [1] 11
mday(t)#提取日期是一个月中的第几天
## [1] 20
wday(t)#提取日期是一周中的第几天
## [1] 6
hour(t)#提取日期中的小时数
## [1] 1
minute(t)#提取日期中的分钟数
## [1] 30
second(t)#提取日期中的秒数
## [1] 29
```

2. 差值运算

计算两个日期之间的差值，既可以直接把两个数据做减法，也可以用difftime()函数提取。difftime()函数的语法结构为difftime(time1, time2, units)，其中time1为起始时间，time2为终止时间，units为时间单位，具体代码如下。

```r
# 求任意两个日期的差值
begin = as.Date("2016-03-04")
end = as.Date("2016-05-08")
(during = end - begin)
## Time difference of 65 days
# 求任意两个日期距离的周数和小时数
difftime(end, begin, units = "weeks")
## Time difference of 9.285714 weeks
difftime(end, begin, units = "hours")
## Time difference of 1560 hours
```

3. 排序运算

由于时间型数据本质上用数值形式存储，因此它可以按类似数值的方式进行排序。现在分别对时间数据进行排序和依照时间对整个数据表进行排序，代码如下。

```r
# 单独对时间进行排序
head(sort(movie$showtime))
## [1] "1931" "1936" "1939" "1940" "1942"
## [6] "1950"
# 对数据表格中的数据按照时间顺序排列，这里只选取前6行，以电影名称、上映日期为例
head(movie[order(movie$showtime), c("name", "showtime")])
##           name    showtime
## 214     城市之光     1931
## 103     摩登时代     1936
## 20      乱世佳人     1939
## 147     魂断蓝桥     1940
## 211    卡萨布兰卡    1942
## 171      罗生门     1950
```

2.4.4 数据集合并

实践中，常常需要将不同表的信息进行合并。在R语言中可以使用merge()函数来实现数据框的合并，其语法结构是merge(x, y, by = intersect(names(x), names(y)), all = FALSE)。其中，x,y分别是要合并的两个数据框，by为两个数据框共有的列，默认值为相同列名的列。all指定x和y的行是否全部保留在合并文件中，设定all = TRUE时代表全部保留，默认为all = FALSE，代表只保留同时出现的行。下面为一个示例，merge()函数实现的效果是将movie前10行和directors按照共有列director匹配并合并，

由下面示例可以看出，合并结果的行为两个数据集依照共有列director取的交集，列包含两个数据集的所有变量的并集。

```
# merge()函数实现的效果是将movie和directors按照列director匹配并合并
(movie.star = merge(movie[1:10, ], directors, by = "director"))
##     director     rank   name     showtime  duration  type   score  nation
## 1   陈凯歌       2      霸王别姬  1993      171       爱情   9.5    中国
## 2   宫崎骏       6      千与千寻  2001      125       动画   9.2    日本
## 3   詹姆斯·卡梅隆 7      泰坦尼克号 1998     194       爱情   9.2    美国
##     birthyear gender
## 1   1952      男
## 2   1941      男
## 3   1954      男
```

2.4.5 数据缺失、异常

数据中出现缺失值有多种原因。缺失值可能是原始数据的一部分，也可能是将数据读入程序进行数据运算或转换时产生的，缺失值往往会影响后续的数据处理及建模，所以应尽早发现和处理。在R语言中检测缺失值可使用is.na()函数，该函数将会返回逻辑值TRUE或FALSE，TRUE代表缺失，FALSE代表未缺失。

数据中的异常值为不符合常理或与总体取值范围不一致的数据。例如，当年龄取值为负时，该数据为不合常理的异常值。对数据是否缺失、异常的判断是在数据汇总之后进行的。

在了解电影数据概况时，发现其中存在缺失值和异常值。例如，在电影上映时间showtime列有3个缺失值，电影时长duration中有12个缺失值，而评分score最低分为-1，为异常值。下面我们将展示如何处理这些异常数据。

处理缺失值常用方法有删除法、插补法。

（1）删除法。当缺失值数目不多时，可直接删除缺失观测，只保留完整观测的行，代码如下。

```
movie_new= na.omit(movie)#保留完整观测的行
```

（2）插补法。如果数据中某一列缺失值较多，则不建议直接删除，而是进行插补，一般采用非缺失数据的均值（或中位数等）进行插补。当然，如果某一列缺失比例过多（如大于70%），那么应该考虑对变量进行去除处理。以下代码展示如何对电影时长变量的缺失值进行均值插补。

```
#用均值替换电影时长缺失值
movie[is.na(movie$duration), ]$duration<-mean(movie$duration, na.rm = T)
```

对于异常值的处理方法与缺失值类似，即先将异常值替换为NA，然后采用缺失值的处理方法处理，代码如下。

```
movie[which(movie$score<0), ]$score<-NA#将异常值赋值为NA
movie[is.na(movie$score), ]$score<-mean(movie$score, na.rm = T)#赋值均值
```

2.5 本章小结

本章介绍了R语言中的基本数据类型和数据结构,以及常用的数据操作。

基本数据类型有5种,即数值型、字符型、逻辑型、因子型和时间型。数据结构即数据的组织方式,常用的5种数据结构是向量、矩阵、数组、数据框和列表。其中,向量、矩阵、数组仅支持存储单数据类型的数据;数据框、列表可以存储多数据类型的数据。

本章介绍了4种常见的数据读入方法:直接输入数据、从带分隔符的文本文件中导入数据、导入Excel数据和逐行读入数据。介绍了3个数据写出的函数,即write()函数、write.table()函数和write.csv()函数。

总之,数据集管理和预处理是数据分析实践中需要反复用到的技能。数据预处理的基本流程包括了解数据概况、变量类型转换、时间型数据的操作、数据集合并及处理数据缺失值和异常值。数据集管理和预处理可以为后续分析工作打好基础。

2.6 本章习题

1. 如何理解R语言中的"向量化"操作?请举一个例子说明。
2. 请描述R语言中矩阵和数据框的两个不同点。
3. 对矩阵进行如下操作。

a. 在R语言中生成下面的矩阵A。

$$A = \begin{pmatrix} 1 & 2 & 3 \\ 4 & 2 & 1 \\ 2 & 3 & 0 \end{pmatrix}$$

b. 计算矩阵A的转置矩阵B和逆矩阵C。

c. 求矩阵A和矩阵B的乘积。

4. 电视剧网播量数据集收集了4266条电视剧的信息,请使用该数据集完成以下任务。

a. 获取数据集,查看数据概况。

b. 删除数据集中剧名缺失的值。

c. 不考虑缺失数据影响,计算电视剧的平均得分。

5. 手机游戏数据集收集了1141条手机游戏信息及评分,请使用该数据集完成以下任务。

a. 获取数据集,查看数据概况。

b. 提取热度中的数值部分,计算各游戏类型的热度均值,找出平均热度最高的游戏类型。

c. 计算各游戏类型的平均评分、最高评分、最低评分、评分标准差,并作简要分析。

第三章
基本统计分析

对数据进行预处理后,需要进一步进行基本统计分析,查看能够描述数据特征的统计量。基本统计分析主要是对数据的基本特征进行量化描述。以电影评分数据集为例,可能关心的问题有数据集中哪种影片最多(即频数最大)?评分均值如何?票房平均表现如何?这里提到的频数、均值等属于基本统计分析中描述统计量的范畴。

本章内容分为两个小节。3.1节介绍基本描述统计量的定义及作用,主要包括数据的频数统计、均值、分位数、方差与标准差、协方差与相关系数、最大最小值、峰度和偏度。这些描述统计量的主要作用是对数据的均值水平、波动水平、分布形状进行刻画。3.2节介绍数据的汇总分析,包括交叉列联表分析及分组统计汇总。

案例引入

背景介绍

根据相关行业报告,中国互联网租房市场规模在2017年至2019年呈现明显的增长趋势,2019年互联网租房市场规模达到0.94万亿元。受疫情影响,2020年互联网租房市场规模增速回调,但依旧突破万亿大关,达到1.01万亿元。根据已有数据,2021年预计将达到1.11万亿元。

面对海量的房源,众多的合租房用户怎样才能找到物美价廉的合租房呢?这需要对租房市场进行深入调研。例如,需要了解目前在租房源价格的一般水平和不同城区之间的差异。如果想在北京市海淀区租一间邻近地铁的20平方米左右的卧室,月租金大概是多少?这些问题都可以通过基本描述分析得到答案。

数据介绍

本案例的数据来源于某租房平台的租房数据集,共采集了北京市某年某月5149条合租房源的信息,具体变量说明如表3-1所示。

表3-1 租房数据变量说明

变量类型		变量名	详细说明	取值范围
月租金		rent	月租金	[1150,6460]
租房信息	内部结构	area	房间面积	[5,30]
		room	房间类型	主卧、次卧
		bedroom	卧室数	[2,5]
		living room	厅数	[1,2]
		bathroom	卫生间数	[1,2]
		heating	供暖方式	集中供暖、自采暖
	外部条件	floor_grp	所在楼层	高楼层、中楼层、低楼层
		subway	邻近地铁	是、否
		region	城区	朝阳、海淀、东城、西城、昌平、大兴、通州、石景山、丰台、顺义、房山

本章难点

(1)了解并掌握基本的数据描述统计量,包括频数统计、均值、分位数、方差与标准差、协方差与相关系数、最大最小值、峰度与偏度;能够使用不同的描述统计量对数据集做出准确的描述。

(2)掌握基本的汇总分析方法,包括交叉列联表和分组统计方法,对数据中的变量进行比较和分析。

3.1 基本描述统计量

基本描述统计量可以刻画数据的均值水平、波动水平、分布规律。例如,对于租房数据集中的租金而言,基本描述统计量需要刻画所有房源的平均租金、不同房源之间的租金差异、租金的分布规律。以下从频数统计开始,介绍均值、分位数、方差、标准差、最大最小值、中位数等常用基本统计量。基本描述统计量的 R 语言实现函数及语法结构如表3-2所示。

表3-2 基本描述统计量常用函数

函数	功能	语法结构
mean	求均值	mean(vector)
quantile	求分位数	quantile(vector)
var	求方差	var(vector)
sd	求标准差	sd(vector)
max	求最大值	max(vector)
min	求最小值	min(vector)
median	求中位数	median(vector)
skew	求偏度	skew(vector)
kurt	求峰度	kurt(vector)

3.1.1 频数统计

频数统计是对定性变量的各水平计数进行统计的描述统计量。对于多水平类别变量(如电影类型),查看频数统计是了解各水平分布情况的首要手段。频数统计在R语言中通过table()函数实现。从以下代码可以看出,目前朝阳区的在租房源最多,其次为通州区。

```
(type <- table(tenement$region))#频数统计
##
##     昌平    朝阳    大兴    东城    房山    丰台    海淀   石景山   顺义    通州
##      702   1317    361     94    183    581    424     258    314    819
##    西城
##     96
```

在实际数据处理及建模过程中,为方便处理,可以将一些频数相对较小的水平合并为"其他",处理过程如下。使用sort()函数进行排序,可以看到各区的房源数量按升序排列的结果。

```
tenement$regiontype=tenement$region#设置新变量
tenement[!is.element(tenement$region,c("朝阳","通州","昌平","丰台")),]$regiontype
="其他"#将非朝阳、通州、昌平和丰台的租赁房间合并为其他
sort(table(tenement$regiontype))
##
##   丰台   昌平   通州   朝阳   其他
##    581    702    819   1317   1730
```

3.1.2 均值

均值,即一组数值型数据的平均数,是最常用的统计量之一。假设收集到 n 个数据点 $\{x_1,x_2,\cdots,x_n\}$,则样本均值的计算公式如下。

$$\bar{x} = \frac{\sum_{i=1}^{n} x_i}{n} = \frac{x_1 + x_2 + \cdots + x_n}{n}$$

样本均值可以用来反映一组数据的平均水平,如平均工资、平均身高等。在 R 语言中求均值可以使用 mean() 函数。若数据存在缺失值,可以通过设置参数 na.rm = TRUE 计算非缺失数据的均值。用 mean() 函数计算所有房源的平均租金的代码如下,房租均值为 2917.9 元。

```
mean(tenement$rent)#求租金均值
## [1] 2917.9
```

使用 colMeans() 函数可以同时求解多个数值型变量的均值,实现方式如下。由代码结果可以看出,租金和租赁面积的均值四舍五入分别为 2917.90 元和 12.85 平方米。

```
tenement_num=tenement[c("rent","area")]#选取数值型子集
colMeans(tenement_num)#同时计算租金和租赁面积的均值
##         rent         area
##   2917.89989    12.85143
```

3.1.3 分位数

在数据分布偏度较大的情况下,均值并不能很好地反映数据的一般水平。例如,统计居民的平均收入时,如果大部分居民月收入低于 5000 元,而少数人收入很高(如高于 10 万元),那么均值则会被大幅度拉高,偏离大部分居民的收入水平。此时,可使用中位数刻画数据的一般情形。给定一组数据 $\{x_1,x_2,\cdots,x_n\}$,将数据从低到高排序,记序数为 k 的数据值为 $x_{(k)}$,则中位数的定义如下。

$$\text{median} = \begin{cases} x_{\left(\frac{n+1}{2}\right)}, & \text{若} n \text{是奇数} \\ \dfrac{1}{2}\left[x_{\left(\frac{n}{2}\right)} + x_{\left(\frac{n}{2}+1\right)}\right], & \text{若} n \text{是偶数} \end{cases}$$

在 R 语言中可通过函数 median() 求中位数，代码如下，这里的中位数 2700 元代表有 50% 的房屋租金低于 2700 元，有 50% 的房屋租金高于 2700 元。可以发现中位数低于均值，这说明低价房源多于高价房源，低价房源的受众更广。

```
median(tenement$rent)#求租金的中位数
## [1] 2700
```

中位数是分位数的一个特殊情况。给定一个样本数据集 $\{x_1, x_2, \cdots, x_n\}$，它的 p 分位数值 m_p 计算方式如下。

$$m_p = \begin{cases} x_{(np+1)}, & \text{若} np \text{不是整数} \\ \dfrac{1}{2}\left[x_{(np)} + x_{(np+1)}\right], & \text{若} np \text{是整数} \end{cases}$$

其中，$[np+1]$ 表示数字 $(np+1)$ 的整数部分。例如，若 $n=10$，$p=0.25$，则 $m_{0.25} = x_{(3)}$；若 $n=20$，$p=0.35$，则 $m_{0.35} = \dfrac{1}{2}\left[x_{(7)} + x_{(8)}\right]$。

在 R 语言中，利用 quantile() 函数可以求得分位数，将参数设置为 0.5 时得到中位数，结果与 median() 函数相同。将参数设置为数值型向量时，可同时求多个分位数值。由示例结果可知，租金取整数，最低价为 1343 元，最高价为 6547 元，四分位数依次为 2448 元、2700 元、3327 元。

```
quantile(tenement$rent, probs = 0.5)#利用quantile()函数求中位数
##   50%
## 2700
quantile(tenement$rent, probs = seq(0, 1, 0.25))#求最小值、最大值、四分位数
##        0%       25%       50%       75%      100%
## 1343.001 2448.000 2700.000 3327.316 6547.042
```

3.1.4 方差、标准差

方差（variance）和标准差（standard deviation）是描述一组数值型数据的分散程度的描述统计量。在均值和中位数相似的前提下，两组数据的分散程度可能大有不同。例如，A 区两个房源的租金分别为 1000 元和 6000 元，平均租金为 3500 元；而 B 区两个房源的租金分别为 3400 元和 3600 元，平均租金也为 3500 元。虽然所得出的两个区的平均租金相同，但各自的情况有差异：A 区租金差异悬殊，B 区租金比较稳定。

给定一个样本数据集 $\{x_1, x_2, \cdots, x_n\}$，样本方差 s_n^2 计算公式如下。

$$s_n^2 = \frac{1}{n-1}\sum_{i=1}^{n}(x_i - \bar{x})^2$$

由公式可以看出,方差越大,数据分布越分散;方差越小,数据分布越集中。假设 x_i 独立且同分布时,s_n^2 是对 x_i 总体方差的一个无偏估计。

在 R 语言中,求样本方差可使用函数 var() 来实现,代码如下。

```
mean(tenement$rent[tenement$regiontype == "昌平"])#昌平区租金均值
## [1] 2801.377
var(tenement$rent[tenement$regiontype == "昌平"])#昌平区租金方差
## [1] 292458.5
mean(tenement$rent[tenement$regiontype == "其他"])#其他区租金均值
## [1] 2835.275
var(tenement$rent[tenement$regiontype == "其他"])#其他区租金方差
## [1] 636694.4
```

由以上描述统计量可知,虽然数据中昌平区的租金均值与其他区接近,但是其他区的租金方差明显大于昌平区,这说明其他区租金的离散程度高。

数据的离散程度还可以用标准差来表示。样本标准差是样本方差的算术平方根,计算公式如下。

$$s = \sqrt{\frac{1}{n-1}\sum_{i=1}^{n}(x_i - \bar{x})^2}$$

由公式可得,标准差的量纲与原变量一致且可比。标准差在 R 语言中可以通过函数 sd() 来计算,代码如下。

```
sd(tenement$rent[tenement$regiontype == "昌平"])#昌平区租金标准差
## [1] 540.7943
sd(tenement$rent[tenement$regiontype == "其他"])#其他区租金标准差
## [1] 797.9314
```

3.1.5 协方差与相关系数

协方差(covariance)和相关系数(correlation coefficient)是描述变量相关程度的描述统计量。

1. 两变量的协方差与相关系数

假设数据集有 X,Y 两个变量,它们的取值分别为 $X = (x_1, x_2, \cdots, x_n)^\top$ 及 $Y = (y_1, y_2, \cdots, y_n)^\top$,则两变量的样本协方差的计算公式如下。

$$s_{XY} = \frac{1}{n-1}\sum_{i=1}^{n}(x_i - \bar{x})(y_i - \bar{y})$$

其中，$\bar{x} = \frac{1}{n}\sum_{i=1}^{n}x_i, \bar{y} = \frac{1}{n}\sum_{i=1}^{n}y_i$。两变量协方差为正值，说明变量 **X** 和变量 **Y** 是正相关的，否则表明两个变量为负相关。当协方差为0时，说明变量 **X** 和变量 **Y** 不相关。注意：这里的"不相关"，指的是两变量不存在线性相关关系，但可能存在非线性相关关系。如图3-1所示，变量 **X** 和变量 **Y** 的协方差为0，但可以看出它们之间存在某种非线性关系。

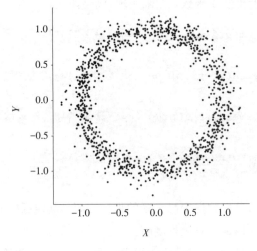

图3-1　**X** 与 **Y** 的散点图

使用cov()函数可以计算两个定量变量之间的协方差。

```
cov(tenement$rent, tenement$area)#计算协方差
## [1] 1366.097
```

协方差取值的正负虽然能够刻画两个变量之间的线性相关关系，但是协方差取值的绝对值仍然和变量本身的取值范围有关。因此，不同变量之间的协方差大小无法直接比较。实际中刻画两变量间的相关关系常使用相关系数。相关系数是去除量纲后的变量相关程度的度量，它的取值范围为 −1~1。相关系数的计算公式如下。

$$r_{XY} = \frac{s_{XY}}{s_X s_Y}$$

式中 s_{XY} 代表 **X** 和 **Y** 的样本协方差，s_X 代表 **X** 的样本标准差，s_Y 代表 **Y** 的样本标准差。

使用cor()函数可以计算两变量间的相关系数，结果如代码所示。可以看出，房屋租金和面积呈现正相关关系。

```
cor(tenement$rent, tenement$area)#计算相关系数
## [1] 0.4474291
```

2. 多变量协方差与相关系数

对于 p 维随机向量 $\boldsymbol{X} = (X_1, X_2, \cdots, X_p)^{\mathrm{T}}$，可以用样本协方差矩阵展示变量间的两两相关关系。

$$s(X) = \begin{pmatrix} s_{X_1} & s_{X_2X_1} & \cdots & s_{X_pX_1} \\ s_{X_1X_2} & s_{X_2} & \cdots & s_{X_pX_2} \\ \vdots & \vdots & \ddots & \vdots \\ s_{X_1X_p} & s_{X_2X_p} & \cdots & s_{X_p} \end{pmatrix}$$

样本协方差矩阵的对角线是各变量的样本方差,斜对角线是两两变量间的样本协方差。同理,可定义样本相关系数矩阵。

利用cov()函数及cor()函数可以计算数值型多变量间的协方差矩阵,代码如下。

```
cov(tenement_num)#协方差矩阵
##                rent        area
## rent     536375.336  1366.09651
## area       1366.097    17.37983
cor(tenement_num)#相关系数矩阵
##             rent       area
## rent   1.0000000  0.4474291
## area   0.4474291  1.0000000
```

3.1.6 最大值、最小值

最大值(maximum value)和最小值(minimum value)是描述一组数值型变量由高到低排序后最大和最小的元素。例如,对于租房数据,用户最关心的是租金最高和最低分别是多少,这时就用到数据的最大值或最小值,可以利用max()函数或min()函数来实现。

```
max(tenement$rent)#租金最高值
## [1] 6547.042
min(tenement$rent)#租金最低值
## [1] 1343.001
```

从以上结果可以得知,在租房数据中,租金最高约为6547元,最低约为1343元。但此结果仍然不能告诉我们租金最高和最低的房屋的其他信息。想要求得最大值在数据中的位置可以使用which.max()函数。租金最高的房间是朝阳区、中楼层、在地铁旁边、面积为27平方米的一个主卧。

```
a=which.max(tenement$rent)#找出租金最高的房间对应数据所在行
tenement[a,]#输出这一行的内容
##         rent bedroom living room bathroom area room floor_grp subway region
## 4821    6447       4           1        1   27   主卧    中楼层      是   朝阳
##       heating regiontype
## 4821  集中供暖       朝阳
```

同样,使用which.min()函数也可以得到最小值所在行的信息。

3.1.7 峰度和偏度

峰度(kurtosis)和偏度(skewness)是一组用于描述数据分布形态的统计量。偏度(简称skew)衡量数据分布非对称性程度,峰度(简称kurt)衡量数据分布的陡峭程度和尾部粗细。

对于变量数据 $X = (x_1, x_2, \cdots, x_n)^\top$,样本偏度的计算公式如下。

$$\mathrm{skew}(X) = \frac{\sum_{i=1}^{n}(x_i - \bar{x})^3}{n s_X^3}$$

式中 $\bar{x}$ 是样本均值,s_X 是样本标准差,n 为样本容量。

偏度可以描述数据分布相对中心往哪边倾斜。偏度=0代表完全对称的分布,偏度>0即右偏分布,也叫正偏分布(如图3-2所示);偏度<0是左偏分布,也叫负偏分布(如图3-3所示)。

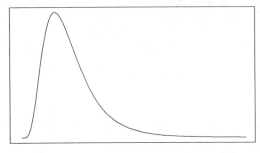 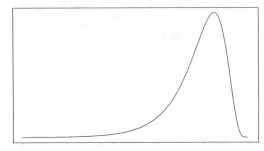

图3-2　右偏分布　　　　　　　　　　图3-3　左偏分布

对于变量数据 $X = (x_1, x_2, \cdots, x_n)^\top$,样本峰度的计算公式如下。

$$\mathrm{kurt}(X) = \frac{\sum_{i=1}^{n}(x_i - \bar{x})^4}{n s_X^4} - 3$$

峰度反映了数据分布峰部的尖锐程度。正态分布的峰度是0。与正态分布相比,若 $\mathrm{kurt}(X) > 0$,说明变量 X 标准化分布后的形状比正态分布更尖锐,尾部更粗,也叫重尾分布;若 $\mathrm{kurt}(X) < 0$,则说明标准化后的分布形状比正态分布更平坦,尾部更细,也称为轻尾分布。例如,柯西分布为重尾分布,如图3-4所示;而均匀分布是轻尾分布,如图3-5所示。简单来说,峰度可以描述数据是集中在均值附近,还是比较分散。

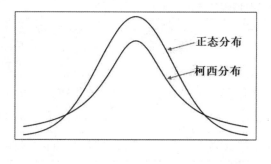

图 3-4 重尾分布

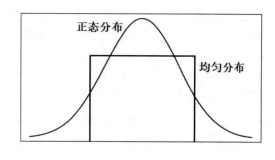

图 3-5 轻尾分布

在 R 语言中求偏度和峰度可以使用 fBasics 包实现,示例如下。

```
library(e1071)#加载包
skewness(tenement$rent)#用e1071包求租金的偏度
## [1] 0.9925526
kurtosis(tenement$rent) #用e1071包求租金的峰度
## [1] 1.08197
```

由代码可知,租金的偏度约为 0.99,说明租金为右偏分布;租金的峰度约为 1.08,说明标准化后的租金分布比正态分布更尖锐,尾部更粗。

3.2 汇总分析

在实际的数据分析业务中,常常需要分组汇总描述统计量,以便于进行比较和分析。这里的组指类别变量的多个水平,如"城区"变量中记录的朝阳、通州、昌平等水平。本节介绍两种常用的汇总分析方法:交叉列联表及描述统计量的分组统计。

3.2.1 交叉列联表

交叉列联表(contingency table)是对两个类别变量每个交叉水平下的频数统计。交叉列联表可以展示两个类别变量之间的相关关系。R 语言中提供了用于创建交叉列联表的若干种方法,其中常用函数及语法结构如表 3-3 所示。

表 3-3 创建和处理列联表的函数

函数	功能	语法结构
table	使用 N 个类别型变量（因子）创建一个 N 维列联表	table(var1, var2, ..., varN)
prop.table	根据 margins 定义的边际列表将表中条目表示为分数形式	prop.table(table, margins)
addmargins	将边际统计结果（默认是求和结果）放入表中	addmargins(table, margins)
margin.table	依 margins 定义的边际列表计算表中条目的和	margin.table(table, margins)

在 R 语言中，建立二维的交叉列联表可以使用 table(A,B) 函数，其中 A 为行变量，B 为列变量，输出的结果为 table 类型数据。以租房数据集为例，城区和楼层的交叉列联表如下所示。

```
(tab <- table(tenement$regiontype,tenement$floor_grp))#建立城区和楼层的交叉列联表
##
##        低楼层 高楼层 中楼层
##   昌平    208    215    279
##   朝阳    477    398    442
##   丰台    184    185    212
##   通州    261    239    319
##   其他    549    555    626
```

由上例可知，朝阳区的租赁房源占比比较大（除其他外）；不同楼层的房源分布比较均匀。使用 prop.table() 函数可以进一步展示频率，昌平区低楼层租赁房源在租房数据集中占比约为 4%，如下所示。

```
prop.table(tab)#建立频率形式交叉列联表
##
##           低楼层      高楼层      中楼层
##   昌平 0.04039619 0.04175568 0.05418528
##   朝阳 0.09263935 0.07729656 0.08584191
##   丰台 0.03573509 0.03592931 0.04117304
##   通州 0.05068945 0.04641678 0.06195378
##   其他 0.10662265 0.10778792 0.12157701
```

在实际使用时，经常需要按照列表中的某一个属性求和，这个结果称为边际频数，可以使用 margin.table() 函数得到。分别求出行变量（城区）和列变量（所在楼层）的房间数量的边际频数和，代码如下。

```
margin.table(tab,1)#行变量边际函数
##
##  昌平 朝阳 丰台 其他 通州
##   702 1317  581 1730  819
margin.table(tab,2)#列变量边际函数
```

```
##
##         低楼层    高楼层    中楼层
##         1679     1592     1878
```

若想同时显示列表和边际频数和,可使用addmargin()函数,代码如下,代码添加了各行与各列的和。

```
addmargins(tab)#添加边际频数和
##
##         低楼层    高楼层    中楼层    Sum
##  昌平    208      215      279      702
##  朝阳    477      398      442      1317
##  丰台    184      185      212      581
##  通州    261      239      319      819
##  其他    549      555      626      1730
##  Sum    1679     1592     1878     5149
```

3.2.2 描述统计量的分组统计

描述统计量的分组统计是指对定量变量按照类别变量各取值水平分组后,进行描述统计的操作。例如,在租房数据集中,希望求得不同城区的租金均值,并进行比较。在R语言中,一般使用dplyr包中的group_by()函数和summarise()函数进行分组统计。除此之外,R语言中可以进行分组统计的函数还有很多,如表3-4所示。

表3-4 常用分组统计函数

函数	功能	语法结构
tapply	分组计算单一统计量	tapply(data, FUN, options)
ddply	分组计算单一统计量	ddply(data, variables, FUN, options)
aggregate	分组计算单一统计量	aggregate(data, by, FUN, options)
by	分组计算若干个统计量	by(data, INDICES, FUN)
summarise	分组计算若干个统计量	summarise(data, ...)

group_by()函数的语法结构为group_by(data, ...),其中data为原始数据,"..."表示分组字段,如果有多个分组字段,则可写作group_by(data,col1,col2,col3, ...)。summarise()函数的语法结构为summarise(data, ...),其中data为待汇总的数据,往往是已经分组之后的数据,"..."为需要对data进行的运算,包括常用的求均值、求方差、求最大值、求最小值等。

group_by()函数按照指定字段对数据进行分组,summarise()函数对分好组的数据调用其他函数进行汇总操作。这两个函数的组合可以完成各种统计量的分组统计。以下代码分别计算了不同城区和不同楼层的房源的租金均值及最高租金、最低租金。由结果可知,朝阳区高楼层房源的平均租金最高,约为5939元。

```
library(dplyr)
tenement_group<-group_by(tenement,regiontype,floor_grp)
summarise(tenement_group,
          meanrent=mean(rent),#分组计算平均租金
          maxrent=max(rent),#分组计算最高租金
          minrent=min(rent))#分组计算最低租金
## # A tibble: 15 x 5
## # Groups:   regiontype [5]
##    regiontype floor_grp meanrent maxrent minrent
##    <chr>      <chr>        <dbl>   <dbl>   <dbl>
##  1 昌平       低楼层       2922.   4659    1575.
##  2 昌平       高楼层       2800.   4644    1814.
##  3 昌平       中楼层       2712.   4613.   1703.
##  4 朝阳       低楼层       3370.   5681.   2023.
##  5 朝阳       高楼层       3443.   5939.   2219.
##  6 朝阳       中楼层       3379.   6547.   2119.
##  7 丰台       低楼层       2834.   4488    1849
##  8 丰台       高楼层       2857.   4688.   1778.
##  9 丰台       中楼层       2827.   4524    1712.
## 10 其他       低楼层       2838.   5828.   1364.
## 11 其他       高楼层       2799.   5388    1369.
## 12 其他       中楼层       2865.   5595.   1343.
## 13 通州       低楼层       2508.   4144    1730.
## 14 通州       高楼层       2501.   4729.   1669
## 15 通州       中楼层       2444.   4125    1800.
```

3.3 本章小结

本章第一节首先介绍了基本的描述统计量。其中,描述数据的平均情况可以用均值,当数据分布不均匀时可以使用中位数(或其他分位数)来刻画数据形态。如需刻画数据分布的离散程度,可以使用方差、标准差、最大最小值。描述两个变量之间的相关关系时,可使用协方差或相关系数。最后,当描述数据的分布形态时,偏度和峰度也是常用的描述统计量。掌握描述统计量有助于加深对数据的了解。

第二节主要关注多元变量之间的描述统计。第一小节介绍了交叉分组下的频数统计(交叉列联表),这有助于发现两个离散变量联合分布的规律;第二小节描述统计量的分组统计及汇总。

3.4 本章习题

1. 请求出租房数据集中租赁房间面积(area)的偏度和峰值,并作出简要分析。

2. 请求出城区(region)和供暖方式(heating)的交叉列联表的频率形式,并添加边际频数和,给出简要解读。

3. 利用租房数据集,通过分组统计求出每个城区房源的平均租金并简要解读。

4. 利用租房数据集,通过分组统计计算出不同城区房源的平均租赁面积、最大租赁面积和最小租赁面积并简要解读。

第四章
数据描述与可视化

描述分析是对数据的有效展示,展示形式包括统计表格和统计图形。描述分析的目的是展示规律、发现异常,实现对数据特征的汇总和总结。

历史上有这样一幅著名的图,它是克里米亚战争中一位名叫南丁格尔的护士绘制的扇状玫瑰饼图。该图展示了她所管理的野战医院里不同季节死于各种疾病的病人人数变化,如图4-1所示。这幅图让英国政府直观地看到每年死于感染的士兵数(灰色区域)比死于战场(斜线区域)和其他原因(黑色区域)的士兵数要多得多。为抵抗感染,政府开始制定措施改善战地的卫生条件,这一举措大大降低了士兵的死亡率,因此这幅图被称为拯救生命的图形,这也是较早使用统计图形传达信息的例子。

图4-1 南丁格尔的玫瑰饼图

描述分析在整个统计分析中占据重要地位。建模前,它是观察数据、发现问题、识别规律与异常的有力武器;建模后,它是总结规律、展示结论、传递信息的生动方式。本章将讲述如何对数据进行描述分析,具体包括制作统计表格及数据可视化分析。

第四章 数据描述与可视化

 案例引入

背景介绍

近年来,网络小说市场逐渐繁荣。第47次《中国互联网络发展状况统计报告》显示,截至2020年12月,我国网络文学用户规模达4.60亿,2020年中国网络文学市场规模达288.4亿元,预计2021年中国网络文学市场规模将达到236亿元。

以网络小说作者天蚕土豆的作品《斗破苍穹》及忘语的《凡人修仙传》等为首的一系列网络小说尤为火爆,它们在某平台上的点击量已经突破1亿大关。究竟有哪些因素使得这些小说如此受欢迎?本章将使用一个网络小说数据集作为案例进行描述分析,来探究这一问题。

数据介绍

该数据集收集了1549本排名较高的网络小说信息,其中包含《斗破苍穹》《凡人修仙传》等多部热门小说的内容简介、点击量、评分等信息。小说数据集的变量说明如表4-1所示。

表4-1 小说数据变量

变量类型		变量名	详细说明	取值范围
因变量		总点击量	定量,单位:次	12920~149800000
自变量	小说信息	小说名称	定性	例:艾泽拉斯之人族大元帅
		作者	定性	例:唐家三少
		小说类型	定性,13个水平	例:科幻小说
		总字数	定量,单位:个	3~21410000
		小说性质	定性,2个水平	例:公众作品、VIP作品
		写作进程	定性,11个水平	例:连载中、已经完本
		授权状态	定性,8个水平	例:A级签约、授权作品
		更新时间	单位:年/月/日/时/分	例:2016-10-23 11:50
		内容简介	定性,1549个水平	例:一念成沧海,一念化桑田
	会员评价	评分	定量,单位:分	0~10
		会员周点击量	定量,单位:次	0~36590
		评论数	定量,单位:个	107~604600

这里我们关心的核心指标是小说点击量,它对小说而言至关重要,代表了一部小说的热度。在所收集的小说数据集中,最大值《斗破苍穹》的点击量接近1.5亿,而最小值《鸣的大冒险》的点击量不到1.3万,可谓差距悬殊。那么,如何分析哪些因素与小说点击量息息相关?想要探索这个问题的答案,需要对数据进行描述分析。

本章难点

（1）了解并掌握变量说明表与分组统计表的含义，能够使用统计表格对数据特征进行汇总描述。

（2）熟练掌握各种统计图形在描述统计数据中的应用，包括柱状图、饼图、箱线图、散点图、折线图、直方图、相关系数图；能够在实际案例中根据分析需求选择合适的统计图形。

（3）了解并掌握R语言数据可视化相关知识，包括基础可视化方法与ggplot2包的应用，灵活实现各种图形的展示。

（4）了解交互可视化的优点与用途，能够在R语言中实现交互可视化作图。

4.1 统计表格

统计表格是对数据特征进行汇总描述，并通过概括总结形成的表格。数据的收集、整理、描述和分析过程中，都需要用到统计表格。本节将介绍两种重要的统计表格：变量说明表及分组统计表。

4.1.1 变量说明表

变量说明表是对数据集中的每一列变量进行描述的表格。根据变量类型的不同，可将变量分为定性变量（也称为分类变量、类别变量）和定量变量（也称为数值型变量）。以小说数据为例，所谓定性变量，就是小说名称、小说类型、作者等描述一个事物的特性的变量。定性变量取值只能是离散的，如"唐家三少""科幻小说"等；而定量变量则是取值连续的变量，如小说点击量、总字数、评分、评论数等。对于定性变量，需要关注它的取值水平和频数统计；对于定量变量，需要关注它的单位及取值范围。因此，在制作变量说明表时，需要对变量描述的内容进行适当的梳理和归类，以便后续研究。小说数据的变量说明如表4-1所示。

表4-1给出了变量的基本描述：对于定性变量，关注其主要水平及对应频数；对于定量变量，关注其取值范围、最大值、最小值、中位数等描述性统计量。这些变量描述指标在R语言中可以通过summary()函数直接获取。

```
# 对小说数据的若干列使用summary()函数
summary(novel[, 2:4])
##           小说名称              作者            小说类型
## 王牌             : 2    唐家三少    : 13    都市小说  :298
## 埃提亚           : 1    我吃西红柿  :  6    科幻小说  :227
## 艾泽拉斯之人族大元帅: 1    月关        :  5    二次元小说:193
## 暗黑破坏神之毁灭 : 1    爱潜水的乌贼:  4    玄幻小说  :184
## 暗夜游侠         : 1    辰东        :  4    历史小说  :176
```

```
##    傲剑天穹       :    1   耳根       :    4   仙侠小说  :137
##    (Other)        :1542   (Other)    :1513   (Other)   :334
```

从上例可以看到，对一个数据的多个列使用summary()函数时，对于定量变量，summary()函数将返回该列数据的最小值、下四分位数、中位数、均值、上四分位数、最大值、缺失项等描述统计量；而对于定性变量，summary()函数将返回该列数据的不同水平中频数最高的6个水平和其余水平的频数。

4.1.2 分组统计表

当定性变量包含多个水平时，每个水平自成一组。例如，在小说数据中，小说类别包括都市小说、二次元小说等13个类别。分组统计表按照各个类别进行汇总，描述类别内部各个变量的特征。通过这种方式，可以比较各个类别之间的差异，输出所关心的汇总报表。

在R语言中，可以利用dplyr包来制作分组统计表。通过group_by()函数，可以很方便地对数据进行分组汇总。例如，如果要统计各类小说的平均评分及各类小说的最大评论数，可以通过以下代码实现。

```
# 利用group_by()函数对小说按照类型进行分类
novel.小说类型 = novel %>% group_by(小说类型)
# 制作分组统计表
novel.小说类型 %>% summarise(平均评分 = mean(评分), 最大评论数 = max(评论数))
## # A tibble: 13 x 3
##    小说类型    平均评分   最大评论数
##    <fct>       <dbl>      <int>
##  1 都市小说    9.13       183799
##  2 二次元小说  8.22       23428
##  3 军事小说    9.38       92845
##  4 科幻小说    8.93       369417
##  5 历史小说    9.01       222505
##  6 灵异小说    9.1        17602
##  7 奇幻小说    9.02       231883
##  8 体育小说    9.33       27316
##  9 武侠小说    8.13       196111
## 10 仙侠小说    8.95       604560
## 11 玄幻小说    9.12       569756
## 12 游戏小说    9.22       237676
## 13 职场小说    8.73       398307
```

通过上例分组统计表可以看到，按照小说类型分类，"军事小说"的平均评分最高，而"武侠小说"评分最低。除此之外，也可以将变量的方差、中位数、上下四分位数等指标放入表格中进行进一步对比。

4.2 数据可视化基础

4.2.1 统计图形

统计表格是以表格的形式展示汇总的统计指标,但从直观性而言,使用统计图形更为合适。基本统计图形包括柱状图、饼图、箱线图、散点图、折线图和直方图,如图 4-2 所示。针对不同的变量类型,需要用到不同的统计图形。

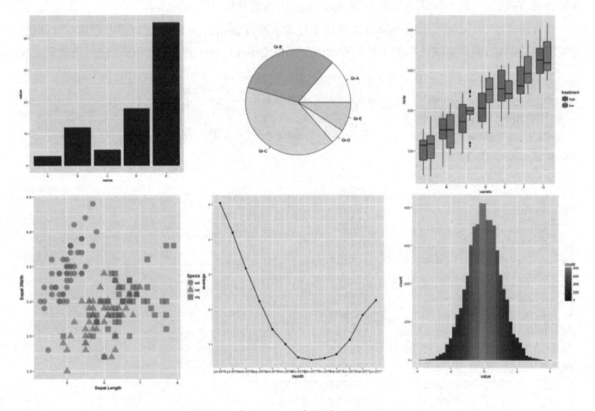

图 4-2 R 语言绘图示例

不同统计图形展示的信息有所差异。在绘制统计图形时,需要先明确待描述变量的基本信息,具体而言,就是需要明确该变量是单变量还是多变量,是定性变量还是定量变量。

基本统计图形可描述的变量信息如表 4-2 所示。实际使用时在基本用法的基础上还有一些变化形式。本节将介绍各个统计图形的定义、作用及实现方法。

表4-2 基本统计图形可描述的变量信息

图形名称	变量类型		主要使用方式	绘图函数
柱状图	单变量	定性变量	展示定性变量各水平频数统计	barplot()
	双变量	定量变量~定性变量	展示定量变量在定性变量各水平下的均值差异	
饼图	单变量	定性变量	展示类别变量各水平分布比例	pie()
直方图	单变量	定量变量	展示数值型变量分布特征	hist()
折线图	单变量	定量变量	展示时间序列数据变化趋势	line()
箱线图	双变量	定量变量~定性变量	展示定量变量在定性变量各水平下的分布差异	boxplot()
散点图	双变量	定量变量~定量变量	展示定量变量的相关趋势	plot()
相关系数图	多变量	定量变量~定量变量	展示多个定量变量之间的相关关系	corrplot()

4.2.2 柱状图

柱状图是用柱子高低来表示取值大小的一种统计图形。常见的柱状图有频数柱状图、均值柱状图、分组柱状图与堆积柱状图。

1. 频数柱状图

频数柱状图展示的是定性变量各水平的频数统计,柱子高度代表每个水平频数的高低。例如,在小说数据中,小说类型这一定性变量对应13个水平,如果要展示频数最高的前5个小说类型对应的频数,可以通过如图4-3所示的频数柱状图展示。

图4-3中,频数最高的小说类型是"都市小说",其次是"科幻小说",接着是"二次元小说""玄幻小说"和"历史小说",后三者的频数相差不大。

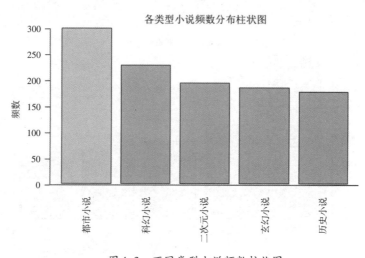

图4-3 不同类型小说频数柱状图

在R语言中,可以使用barplot()函数完成柱状图绘图。它的语法结构是barplot(height, names.arg),

其中height是柱子的高度,names.arg是柱子的名称。生成如图4-3所示的频数柱状图的代码如下。

```
# 求得小说类型的频数分布表
a=table(novel$小说类型)
# 将小说类型按照频数分布进行排序
a=a[order(a,decreasing = T)]
# 绘制排名前5的小说类型频数分布柱状图
barplot(a[1:5],names.arg = names(a)[1:5],family="SimSun",ylab = "频数",xlab="",
col = c("gold","grey","grey","grey","grey"))
title("各类型小说频数柱状图",family="SimSun")
```

2. 均值柱状图

柱状图并不仅用于展现频数,也可以展示分组后各类别的均值等指标,这种柱状图称为均值柱状图。例如,在小说数据中,要展示不同类别的小说点击量均值,可使用均值柱状图。

在R语言中,绘制均值柱状图需要分两步:首先使用dplyr包的一系列函数,求得所关心的变量均值;然后对结果使用barplot()函数进行绘图。为使图片更美观,这里将柱子由高到低排序,可使用arrange()函数实现,代码如下,绘制的均值柱状图如图4-4所示。

```
# 求得各类型小说平均点击量的均值
means <- novel%>%
  group_by(小说类型)%>%
  summarise(mean = mean(总点击量/10000))%>%
  arrange(desc(mean))
par(family = "SimSun",las = 2)
# 绘制均值柱状图
barplot(means$mean[1:5], names.arg=means$小说类型[1:5],family="SimSun",ylab = "总点击量(万次)",xlab="",col = c("gold","grey","grey","grey","grey"))
title("各类型小说平均总点击量",family="SimSun")
```

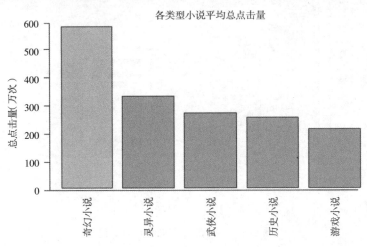

图4-4　各类型小说平均总点击量均值柱状图

如图4-4所示的均值柱状图可以清晰地展示各类小说点击量的高低：第一名是"奇幻小说"，其点击量约是第二名"灵异小说"的两倍；随后的3类小说点击量差异则不是特别明显。另外，不仅是均值柱状图，还可以尝试通过修改参数，来制作中位数、众数、方差等描述统计量的柱状图。

3. 分组柱状图与堆积柱状图

对两个或多个定性变量绘制柱状图可使用分组柱状图或堆积柱状图。分组柱状图将不同水平的不同类别并列放入同一个横轴中，以颜色来区分类别（如图4-5左图所示）；而堆积柱状图则将同一水平的不同类别堆积在一个柱子中，同样以颜色来区分类别（如图4-5右图所示）。分组柱状图或堆积柱状图可以用于刻画交叉分组下的指标差异情况。例如，不同小说类别中VIP作品和大众作品的频数差异如图4-5所示。

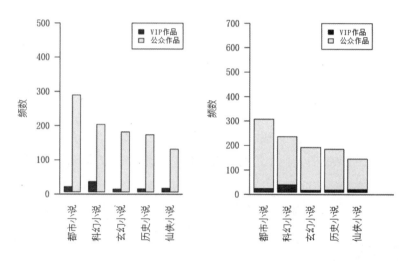

图 4-5　小说类别频数差异的分组柱状图与堆积柱状图

分组柱状图和堆积柱状图都可通过barplot()函数实现：设置参数beside = T可绘制分组柱状图，设置beside = F则绘制堆积柱状图，实现代码如下。

```r
# 构建绘图所需数据矩阵 d
d = novel%>%group_by(小说类型,小说性质)%>%
  dplyr::summarise(count=n())%>%
  spread(小说性质,count)%>%
  select(-V1)%>%
  arrange(desc(公众作品))
Topics = d$小说类型[1:5]
artwork_type = colnames(d)[2:3]
# 选取前5类小说
d = matrix(as.numeric(t(d[1:5,])[-1,]),nrow=2)
# 对列命名
colnames(d) = Topics
# 对行命名
```

```
rownames(d) = artwork_type
# 绘制分组柱状图(beside = T)
par(mfrow=c(1,2), family = "SimSun",las=2)
barplot(d, beside = T, col = c("gold","grey"), ylab = "频数", ylim = c(0,500))
# 添加图例
legend("Topright", legend = rownames(d), fill = c("gold","grey"), cex = 0.8)
# 绘制堆积柱状图(beside = F)
barplot(d, beside = F, col = c("gold","grey"), ylab = "频数", ylim = c(0,700))
# 添加图例
legend("Topright", legend = rownames(d), fill = c("gold", "grey"), cex = 0.8)
```

4.2.3 饼图

饼图主要用于表示总体中各组成部分所占的比例。在绘制饼图时,总体中各部分所占的百分比用圆内的各个扇形面积表示,这些扇形的中心角度,是各部分所占百分比乘以360°得到的角度。饼图和柱状图一样,都是针对离散型数据的统计图。柱状图多用来展示频数,而饼图多用于展示比例。

在 R 语言中画饼图的核心函数是 pie(),其语法结构是 pie(numerical vector, labels),也就是要设定画饼图的数字向量(各类别的频数)及每块扇形的标签,其他诸如定义颜色、标题等的参数与 barplot() 函数中用法相同。以下代码计算不同小说类型的比例并绘制饼图,效果如图4-6所示。

```
# 求出每一类小说所占百分比
ratio = table(novel$'小说类别') / sum(table(novel$'小说类别')) * 100
# 定义标签
label1 = names(ratio)
label2 = paste0(round(ratio, 2), "%")
# 绘制饼图
pie(ratio, col = heat.colors(5, alpha = 0.4), labels = paste(label1, label2,
sep = "\n"), font = 1)
```

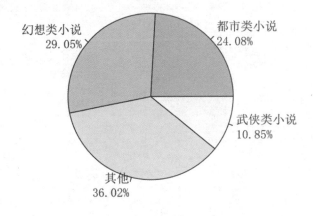

图 4-6 小说类别饼图

画饼图所需要的技巧是计算百分比及如何展示各块扇形的标签。另外,通过合并小类,可以避免一张饼图上出现过多占比较小的部分,使饼图更加美观、清晰。

4.2.4 直方图

直方图是用于展示定量变量分布形态的一种统计图形。直方图能够直观地展现数据的分布特征(对称分布或偏分布)及异常值,是清洗和描述数据的重要工具。直方图的横轴是实数轴,它被分成了许多连续的区间;纵轴代表频数或密度。

R语言中绘制直方图的函数是hist()。

```
# 去掉异常值
chara = sort(novel$总字数/10000)[1:1500]
# 绘制直方图
hist(chara, breaks = 10, xlab = "总字数(万字)", ylab = "频数", main = "", col = "gold",border = NA)
```

如果想展示更全面的信息,则需要对hist()函数中的参数进行调整。例如,通过设置breaks可调整直方图的组数或横轴分割点。设定不同组数时,直方图展示的数据细节也有所不同。通过以下代码可对小说字数(取对数)的分布进行展示,代码执行结果如图4-7所示。

```
# 调整直方图组距
hist(chara, breaks = 100, xlab = "总字数(万字)", ylab = "频数", main = "", col = "gold",border = NA)
```

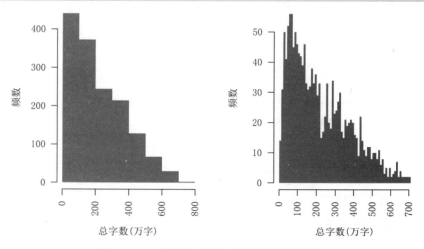

图4-7 不同组数下的小说字数对比直方图

通过对比观察可以看出,图4-7的左图简单直观,可一眼看出小说的数量随着字数增多而逐渐减少,大部分小说在200万字以内;右图则展示了更多的细节,我们不仅可以观察到总字数在100万以内的小说数量最多,还可以看到200万字之后仍有几个小高峰。可见,不同组数的直方图可以传达出不同的细节。

4.2.5 折线图

折线图是以折线的上升或下降来表示统计数量增减变化的统计图,一般用于反映变量随时间变化的特征。折线图不仅可以表示数量的多少,还可以反映数据的变化趋势。

对于时间序列数据,折线图是"观趋势看走向"的有效工具。时间序列图的典型特征是带有时间标签,因此折线图的横轴是按照先后顺序排列的时间点。

在R语言中画折线图很简单,如果数据已经是R语言中的某种数据格式,那么直接使用plot(x)函数即可。下面示例采用R语言中自带数据集AirPassengers进行展示,该数据集记录了美国从1949年到1960年每个月的航空乘客数,绘制的折线图如图4-8所示。

```
# 获取数据
data(AirPassengers)
# 画时间序列图
plot(AirPassengers)
```

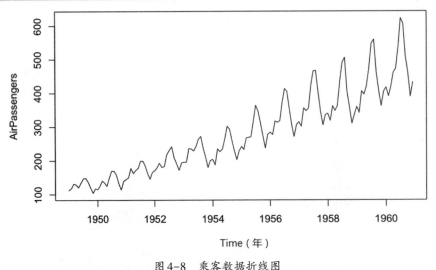

图 4-8　乘客数据折线图

对于时间序列数据,我们关注它的趋势、峰值、周期性、波动幅度等指标。由图4-8可知,乘客数每年在8月和9月达到峰值,乘客数虽然有所波动,但仍在稳步上升,并且一年内的波动幅度也有所增加。

上面的AirPassengers数据在R语言中已经被处理为时间序列数据格式。对于普通向量,需要将其转换为R语言中的时间序列数据类型。如果数据是年、月或季度数据,可以使用tz()函数直接加以转化;如果数据是天或不等间隔的时间序列数据,可以选择另外一个包zoo来生成时间序列数据,这里以某电视剧的百度搜索指数为例,绘制的折线图如图4-9所示。

生成时间序列数据需要两步：第一步，设定时间标签（如date）；第二步，使用zoo函数将时间标签及对应的数据"组合"在一起。将数据改为时间序列格式后，直接使用plot()函数即可画出折线图，如图4-9所示。

```
# 将搜索指数index转为时间序列格式
index = c(127910, 395976, 740802, 966845, 1223419, 1465722, 1931489, 2514324,
3024847, 3174056, 3208696, 3644736, 4198117, 3868350, 3576440, 3524784,
3621275, 3695967, 3728965, 3845193, 3525579, 3452680, 3535350, 3655541,
3884779, 3780629) / 10000
date = seq(as.Date("2017-3-28"), length = 26, by = "day")
people_index = zoo(index, date)
# 绘制折线图
plot(people_index, xlab = "时间", ylab = "百度搜索指数(万)", main = "《人民的名义》搜索指数折线图")
```

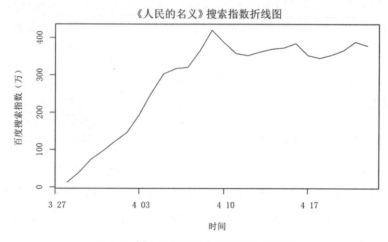

图4-9 《人民的名义》搜索指数折线图

从图4-9可以看到，该剧自开播以来，搜索指数一路飙升，4月9日左右达到顶峰，搜索指数高达410万，4月9日之后每天的搜索指数稳定在350万~400万，说明这段时间的搜索主要来自日常追剧的固定粉丝。

从简单的折线图中，可以得到关于时间序列的大量信息。当然，折线图也不仅仅应用于单变量，也可以应用于多变量，即将多个时间序列放入同一时间轴的折线图中，以此比较各个变量的变化趋势。

4.2.6 箱线图

箱线图主要用于描述定量变量在定性变量各个水平上的分布差异。箱线图的基本构成如图4-10所示。

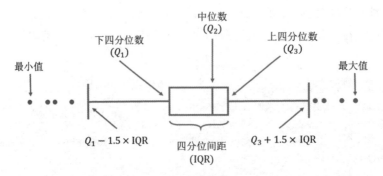

图 4-10　箱线图的基本构成

对于箱线图中的每个箱子，主要关注 3 个方面：一是箱子中位数的大小，这反映了定量数据的一般水平；二是箱子上下四分位数之间的差（箱子的宽度，又称为 IQR），这反映了数据的波动程度；三是箱子左右竖线以外的点，这反映了数据中可能存在的异常点。其中，左右竖线的计算方式分别为上四分位数+1.5IQR 及下四分位数−1.5IQR。在 R 语言中，可以通过 boxplot() 函数绘制箱线图，绘制小说总字数箱线图的代码如下，效果如图 4-11 所示。

```
# 绘制小说总字数箱线图
boxplot(novel$总字数, col = "gold")
# 添加标题
title("总字数箱线图")
```

有时箱线图展示的变量偏度过大（如分布极端不对称、非正态分布或出现异方差现象），此时箱线图可能非常"扁"，难以看出数据的分布特征，这时可以尝试使用取对数的方法对数据进行处理，重新作图。如图 4-12 所示的小说评论数箱线图，经过取对数调整后，分布更加对称美观。

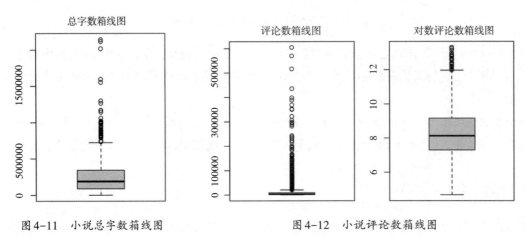

图 4-11　小说总字数箱线图　　　　图 4-12　小说评论数箱线图

在实际数据分析中，一般不对单一定量数据作箱线图，而是对定性变量各个水平作分组箱线图，比较各组数据的分布情况。例如，想要对比 VIP 小说和大众作品哪个热度更高，可以使用分组箱线图进行比较。VIP 小说与大众作品的点击量和评论数的差异如图 4-13 所示，总体看来，公众作品无论是点击量还是评论数都更胜VIP作品。

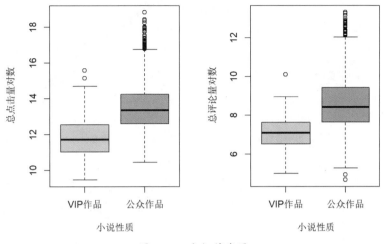

图4-13 分组箱线图

图4-13中的分组箱线图仍然可以通过boxplot()函数实现,只需在代码中设定组别变量(小说性质)即可。

```
## 定性与定量变量--分组箱线图 ##
# 将画板分成1行2列
par(mfrow=c(1,2),family = "SimSun")
# 不同性质的小说总点击量和评论数差异分析
novel_ = novel%>%filter(小说性质 == '公众作品'|小说性质 == 'VIP作品')%>%mutate(小说性质=factor(小说性质))
boxplot(log(总点击量) ~ 小说性质, data = novel_, col = c('gold','grey'), ylab = "总点击量对数")
boxplot(log(评论数) ~ 小说性质, data = novel_, col = c('gold','grey'), ylab = "总评论数对数")
```

4.2.7 散点图

散点图是用二维坐标展示两个连续变量之间关系的一种图形。散点图用坐标横轴代表变量x,纵轴代表变量y,每组数据(x_i, y_i)在坐标系中用一个点表示,n个样本点就形成了n个散点。散点图通常用于刻画两连续变量之间的相互关系。

散点图为两变量的相关方向及相关程度提供了直观的阐释。4种基本相关关系(正线性相关、负线性相关、非线性相关和不相关)的散点图如图4-14所示。

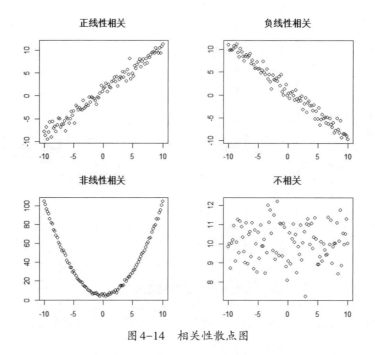

图 4-14 相关性散点图

在 R 语言中,可以利用 plot() 函数来绘制散点图。绘制评论数与点击量散点图的代码如下,绘制的散点图如图 4-15 所示。

```
## 两个定量变量--散点图  ##
# 去除较大的异常值后画图
test = novel[novel$评论数 < 8000 & novel$总点击量 < 200000, ]
x = test$总点击量
y = test$评论数
# 绘制散点图
plot(x, y, pch = 1, cex = 0.6, xlab = "总点击量", ylab = "评论数")
```

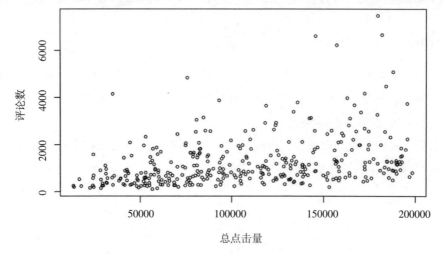

图 4-15 总点击量与评论数散点图

从图 4-15 中可以看出，小说评论数与点击量之间大体呈现正相关关系。但是，现实中的散点图往往比较散乱，不易观察出规律，遇到这种情况，可以考虑把某个连续变量离散化，也就是按照取值范围分成离散变量，再用分组箱线图展示两变量相关关系。例如，可以将总点击量离散化，再与评论数一起绘制箱线图，如图 4-16 所示，这样就更容易看出这种正相关关系。

```
# 分组绘制分组箱线图
aa = cut(x, breaks = c(0, 50000, 100000, 150000, 200000), labels = c("(0-5w)", "(5w-10w)", "(10w-15w)", "(15w-20w)"))
boxplot(y ~ aa, col = rainbow(4, alpha = 0.4), xlab = "总点击量", ylab = "评论数")
```

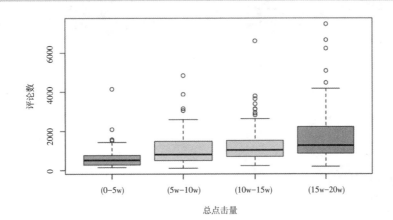

图 4-16　不同点击量的评论数分组箱线图

4.2.8　相关系数图

相关系数图是对多变量相关关系矩阵的可视化展示。两变量间的相关系数的绝对值越大，说明两组变量的相关性越强。相关系数越接近 1，说明正向相关性越强；相关系数越接近 -1，说明负向相关性越强。如图 4-17 所示，p 维变量的相关系数图由 $p \times p$ 个格子组成，每一个格子中的元素代表了对应两变量之间的相关系数大小。相关系数越大，对应的圆形越大，颜色越深。同时，正负相关性可通过不同颜色区分。在 R 语言中，可使用 corrplot 包来绘制相关系数图，代码如下。

```
# 选取数据
y = novel[,5:8]
# 计算相关系数矩阵
r = cor(y,use="na.or.complete")
# 绘制相关系数图
corrplot(r, tl.col = "black")
```

在图 4-17 中颜色最深的一组变量表示点击量和评论数高度正相关，其余的几组变量之间则只有较弱的相关关系。相关系数图相比散点图更加简洁直观，在变量个数较多时更加实用。

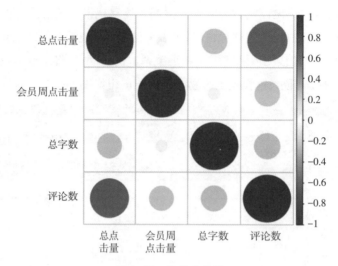

图 4-17 相关系数图

4.3 数据可视化进阶

数据可视化是一门艺术,想要将数据背后的规律以更加形象的方式展示出来,还需要掌握更加有力的可视化工具。R 语言为读者提供了一系列强大的包,如 grid、lattice、ggplot2 和 plotly 等软件包,这些软件包极大地提升了 R 语言的作图能力。本节将使用 ggplot2 包及 plotly 包展示数据可视化的一些进阶功能。

4.3.1 ggplot2 包

ggplot2 包是由哈德利·威克姆于 2009 年开发的 R 包。威克姆作为一名非常高产的 R 包作者,开发了许多有名的 R 包。其中,他非常著名的作品之一就是可视化利器——ggplot2 包,他甚至用此包完成了自己的自画像,如图 4-18 所示。

ggplot2 包提供了一个基于威克姆所描述的图形语法的图形系统,目的是提供一个基于语法的、连贯的、比较全面的图形生成系统,为用户自己创

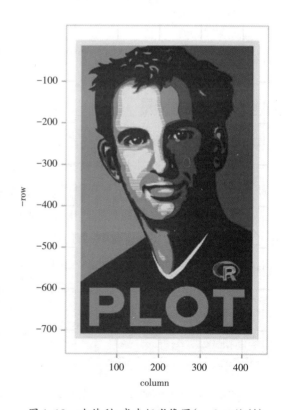

图 4-18 哈德利·威克姆肖像图(ggplot2 绘制)

建各种创新型的数据可视化作品奠定基础。官方文档称这个包是一个基于图形语法的陈述式绘图系统,使用者只需要准备好数据,然后告诉ggplot2包如何把变量映射到坐标轴,使用什么样的图形元素,其他细节它都会自动帮你打理好。本小节将介绍常见统计图形基于ggplot2包的实现方式。

1. 为一个定性变量作图

(1)柱状图。首先通过频数柱状图查看数据中小说类型的分布。ggplot2包在绘图时采用图层叠加的原理,将所需要绘制的元素一层层叠加到画布上。因此,画柱状图及其他任何图形之前,第一步是建立一个坐标轴的图层,即定义好数据及坐标映射。使用ggplot()函数设定用哪个数据的哪些变量来作图,并将结果作为第一个图层p,然后在p的基础上叠加柱状图映射命令geom_bar()函数即可,代码如下,绘制的柱状图如图4-19所示。

```
# 计算频数
novel_count = novel%>%group_by(小说类型)%>%summarise(count = n())%>%arrange(desc(count))
# 构建坐标轴图层p,将变量按照频数排序并取前10
p = ggplot(novel_count[1:10,], mapping = aes(x = reorder(小说类型,desc(count)), y = count))
# 绘制柱状图
p + geom_bar(stat = 'identity')+theme_gray(base_family = 'SimSun')+ylab('频数')+xlab('小说类型')
```

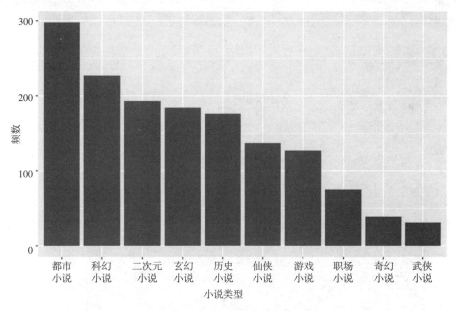

图4-19 小说类型频数分布柱状图

除此之外,在ggplot2包中可以调整参数绘制堆积柱状图和并列柱状图。

(2)饼图。如前所述,饼图可以查看定性变量分布比例。

ggplot2包并没有专门制作饼图的命令,它实际上是通过坐标系的转换来完成饼图绘制的,即将直角坐标系转换为极坐标系。在ggplot2包的图形语法中,这两种坐标系属于同一个成分,可以自由拆卸替换。笛卡尔坐标系中的饼图正是直角坐标系中的堆积柱状图,其中堆积柱状图中的高对应饼图中的角度,因此用ggplot2包画饼图时需要先画出堆积柱状图,然后通过坐标系的转化来作出最后的饼图。下面通过拆解步骤来详细讲解。

step 1: 统计频数(此处可使用table()函数),即统计出小说每一类别的频数,代码如下。

```
## 饼图 ##
df1 = ddply(novel, .(小说类别), nrow)
df1 = df1[order(df1$V1, decreasing = T), ]
```

step 2: 画出堆积柱状图。

此处采用小说类型来进行颜色区分,geom_bar()函数中设置图形的宽度为1,并采用未经过变换的原始数据作图(设置参数stat="identity"),代码如下。堆积柱状图如图4-20所示。

```
# 计算各个标签的位置
pos = (cumsum(df1$V1) - df1$V1/2)
# 构建坐标轴图层p
p = ggplot(df1, aes(x = "", y = V1, fill = factor(小说类别,levels = c('武侠类小说','都市类小说','幻想类小说','其他'))))
# 绘制柱状图
p = p + geom_bar(width = 1, stat = "identity")+theme_gray(base_family = 'SimSun') + scale_fill_brewer('',palette = "Blues")
```

图4-20 小说类别堆积柱状图

step 3：将坐标转换为极坐标，并为其添加比例标签。

这里最重要的是使用coord_polar()函数来进行极坐标变换，同时通过geom_text()函数为饼图加标签，代码如下。绘制的饼图如图4-21所示。

```
# 转换为极坐标
p = p+ coord_polar(theta = "y")
# 添加文本信息
p + geom_text(aes(y = pos, label = paste(round(V1 / sum(V1) * 100, 2), "%", ""))) +
theme(axis.title = element_blank(), axis.text = element_blank(), axis.ticks = element_blank())
```

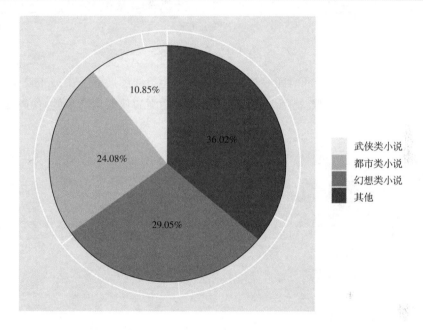

图4-21　小说类别占比饼图

2. 为一个定量变量作图

（1）直方图。频数柱状图和饼图往往用于展示定性变量的分布频率，连续变量（如小说总点击量）分布则需用直方图展示。对一个定量变量做直方图，首先仍然是将数据映射到坐标轴上，然后通过geom_histogram()函数画出直方图。从此处可以体会"图层叠加"的优势：可以将数据映射在坐标轴，做好底层图后，再通过不同命令添加想要展示的图，使用"+"连接起各个图层和参数。

```
# 构建坐标轴图层p
p = ggplot(novel, mapping = aes(x = log(总点击量)))
# 绘制直方图
p + geom_histogram(bins = 30) + theme_gray(base_family = 'SimSun') + xlab('对数总点击量') + ylab('频数')
```

绘制的直方图如图4-22所示。

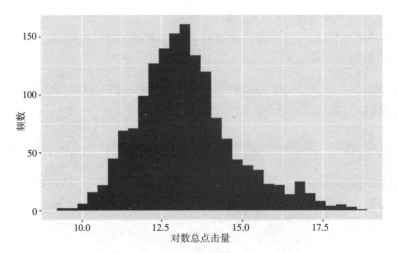

图 4-22　小说对数总点击量频数分布直方图

（2）折线图。对于连续变量的时间序列数据，可以使用折线图展示。在 ggplot2 包中，折线图的绘制通过 geom_line() 函数即可完成。仍以上文提到的某热播剧的数据集来举例，代码如下。绘制的折线图如图 4-23 所示。

```
## 折线图 ##
# 构建坐标轴图层p
p = ggplot(people_index, mapping = aes(x = date, y = index))
# 绘制折线图
p + geom_line()
```

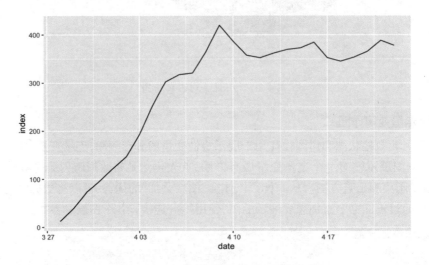

图 4-23　某热播剧搜索指数分布折线图

3. 两个变量作图

（1）定性变量与定量变量——箱线图。在前文讲到，分组箱线图可用于比较组别之间变量分布差异。在ggplot2包中,直接使用geom_boxplot()函数即可做出箱线图,将用于分组的变量设置到aes()函数中。

```
# 构建坐标轴图层p
p = ggplot(novel_, mapping = aes(x = 小说性质, y = log(总点击量)))
# 绘制分组箱线图
p+ geom_boxplot(fill = c('gold','grey')) + theme_gray(base_family = 'SimSun') +
xlab('小说性质') + ylab('对数总点击量')
```

绘制的对比箱线图如图4-24所示。

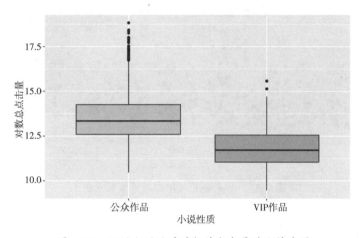

图4-24　不同小说性质对数总点击量对比箱线图

(2)两个定量变量——散点图。对于两个定量变量,可以用散点图展示其关系。同样,先做出基本图层,然后使用geom_point()函数就绘制出了散点图,如探究小说总点击量和评论数之间的相关关系,可以通过以下代码实现。

```
# 构建坐标轴图层p
data = novel[novel$评论数 < 8000 & novel$总点击量 < 200000, ]
p = ggplot(data , mapping = aes(x = 总点击量, y = 评论数))
# 绘制散点图
p + geom_point() + theme_gray(base_family = 'SimSun') + xlab('总点击量') + ylab('评论数')
```

绘制的散点图如图4-25所示。

利用ggplot2包,也可以将其他变量映射到散点图中,如将不同性质的小说用不同的颜色来表示,代码如下。绘制的散点图如图4-26所示。

```
# 构建坐标轴图层p
p = ggplot(na.omit(data) , mapping = aes(x = 总点击量, y = 评论数 , col = 小说性质))
# 绘制散点图
p + geom_point() + theme_gray(base_family = 'SimSun') + xlab('总点击量') + ylab('
```

评论数')

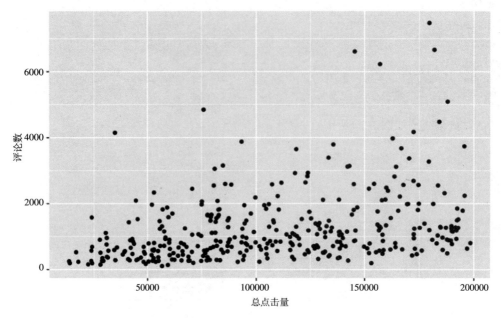

图4-25　总点击量与评论数关系散点图

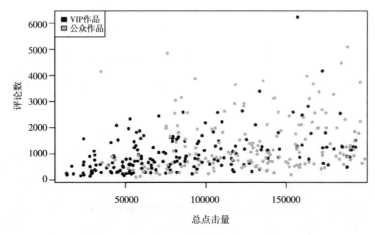

图4-26　总点击量与评论数关系散点图

4.3.2 交互可视化

交互可视化使得用户可以更加便捷地发现数据中的规律。图4-27是一个动态网络图,当鼠标光标在图上移动时,可以看到更多的信息。

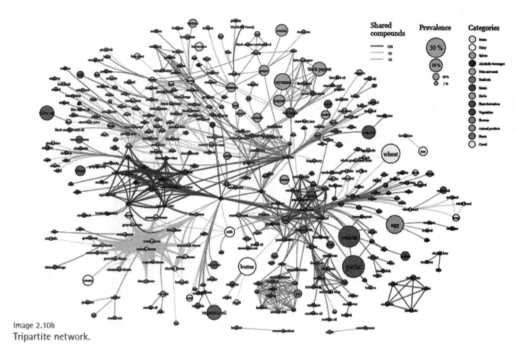

图 4-27　动态网络图实例

本节简要介绍一款可以实现交互可视化的 R 包——plotly。通过数据交互可视化，可以发现数据的更多细节，方便进行数据调整和后续分析。

1. plotly 简介

plotly 是个交互式可视化的第三方库，官网提供了 Python、R 语言、MATLAB、JavaScript、Excel 的接口，如图 4-28 所示。因此可以很方便地在这些软件中调用 plotly，从而实现交互式的可视化绘图。

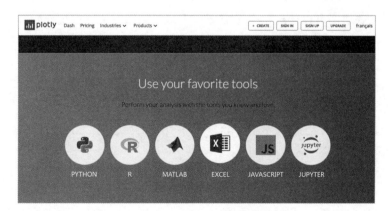

图 4-28　Plotly 官网接口展示

2. 使用 plotly 作图

使用 plotly 绘制各种图形时，其基本语法结构和 ggplot2 包非常相似，采用同一个函数 plot_ly() 来画图,仅通过设置其中的参数type来变换图表类型。下面简单介绍几种常用统计图的画法。

(1)柱状图。plot_ly()函数在本案例中的语法结构是plot_ly(novel, x = ~ 小说类型, y = ~ 总点击量, type = "bar"),其中x用来设定映射到横坐标的向量,y用来设定映射到纵坐标的向量,而type可以设置图像的类型。此处将type设置为bar就可以绘制出柱状图,当鼠标光标移动到任意一根柱子上面,就会实时显示出它的数值和对应的小说类型,代码如下。

```
### 均值柱状图 ###
plot_ly(novel, x= ~ 小说类型, y = ~ 总点击量, type = "bar")
```

绘制的柱状图如图4-29所示。

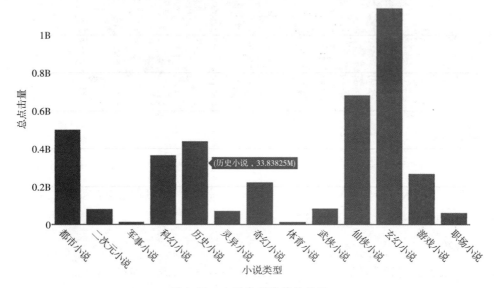

图4-29 小说类型均值柱状图

(2)饼图。交互式饼图可以展现每个组成部分更多的数据细节。在实现时,需要设置plot_ly()函数中的type为"pie"。不同于绘制柱状图,这里不需要设定x和y,关键是要设定labels和values的参数,labels用来设置类别名称,values用来指定类别的频数,代码如下。

```
## 动态饼图 ##
# 读取数据
piedata = data.frame(value = c(29.05, 24.08, 10.85, 36.23), group = c("幻想类小说", "都市类小说", "武侠小说", "其他"))
# 绘制图形
plot_ly(piedata, values = ~value, labels = ~group, type = "pie")
```

画出的饼图如图4-30所示,将鼠标光标放置于每个部分之上,会显示每个部分的更多数据细节。

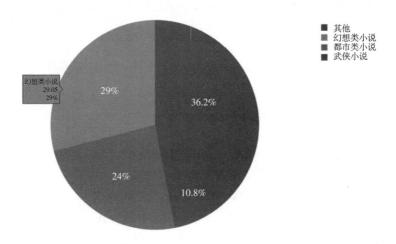

图 4-30　小说类型数据动态饼图

(3)直方图。在表现定量变量的分布时,直方图是必不可少的工具。我们能通过直方图一眼看到大部分的样本分布在哪里,虽然直观但缺乏细节。如果想展现部分细节,plotly 制作的动态图可以满足这种需求。绘制动态直方图的代码如下。

```
## 直方图 ##
p = plot_ly(novel, x = ~ log10(总点击量), type = "histogram")
# 增加坐标轴及标题信息
layout(p,
       title = "对数点击量分布直方图",
       xaxis = list( title = "对数点击量", showgrid = F),
       yaxis = list( title = "频数"),
       margin = list(l = 50, r = 50, b = 50, t = 50, pad = 4))
```

绘制的对数点击量分布直方图如图 4-31 所示。

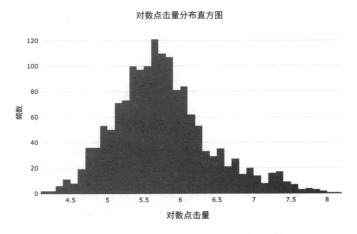

图 4-31　小说对数点击量频数分布直方图

以上是plotly进行交互可视化的一些简单操作，要想更好地实现交互可视化，可以在plotly官方网站中获取更多信息。

4.4 本章小结

本章详细介绍了各种统计图表及它们在R语言中的绘制方法。想要准确地使用统计图表来表达信息，首先要明确需要进行可视化的变量个数与变量类型。

针对一维变量，主要关注变量的分布形态。因此，对于一维定性变量，可以绘制频数柱状图和饼图；对于一维定量变量，可以绘制直方图。

对于双变量之间的交互分析，首先要确认双变量的类型。对于两个定性变量，首选分组柱状图对其进行展示；对于定量与定性变量之间的交互分析，推荐使用分组箱线图或均值柱状图展示；对于两个定量变量，可以使用散点图，或者将其中一个离散化后使用分组箱线图来展示。

对于多维数据，则可以采用相关系数图的方式探索变量之间的两两相关关系。

对一组数据完成描述分析，也就对数据规律有了初步了解。接下来将结合统计分析、建模的知识，对数据规律进行进一步的探索。

4.5 本章习题

1. 简述柱状图与直方图的区别。
2. 对于一个定性变量，通常使用哪些图形来对它的特征进行展示？
3. 实训题目："北美旅游产品数据集"（该数据集在随书源码的data_4_3.csv文件中）提供了2926条北美旅游数据观测，包括产品名称、旅游方式、供应商、等级、景点个数、交通情况、用餐情况、是否有自由活动、客户评分、出游人数、评价人数、报价信息、旅游线路等，使用该数据集尝试完成以下分析。

a. 整理数据，提取产品信息、供应商、等级、景点个数、是否有自由活动、周一至周日报价信息并存入新数据集travel_dat，并形成变量说明表。

b. 提取周一到周日报价中的数值部分，计算一周报价的均值（若一周7天均无报价则缺失），并以新变量"Price"存入数据集travel_dat中，剔除平均价格缺失的样本。绘制价格分布直方图并进行优化和简要解读。

c. 提取"Star"变量中的"*钻"字符来表示产品等级，当一个产品包含多个钻级时取最大钻级，并将产品钻级以新变量"Star2"存入数据集travel_dat中，变量类型为因子型。绘制价格对产品等级的分组箱线图，并按每一等级的平均价格由低到高排序，对箱线图结果作出简要解读。

4. 实训题目：RTB（Real Time Bidding，实时竞拍）是目前一种重要的广告投放方式。当前的各种APP都有许多广告位等待广告主投放，投放广告的广告主通过竞拍获得广告位，自然希望自己的广告能有更高的点击量。RTB数据集包括来自某广告外包承包商（DPS）的4695条观测值，存入数据集data_4_4.csv中，因变量为是否点击（1为点击，0为未点击），正样本大约占总样本的20%，请对以下自变量进行分析。

a. 变量atype指ADX平台（互联网广告交易平台），如百度等。绘制箱线图，描述各个ADX平台上的广告点击率情况并进行简要解读。

b. 变量bidf指竞拍低价，竞拍低价为第二竞拍高价加上一个最小货币单位。选择合适的统计图形，对该变量与因变量之间的关系进行描述分析。

5. 实训题目：使用"数据分析招聘数据集"（该数据集在随书源码的data_4_5.csv文件中），该数据集包括某网站数据分析岗位2018年到2019年招聘情况。该数据集共7493条招聘信息，覆盖北京、上海、深圳、山西、陕西及河北6个地区。

a. 提取该数据中的薪资水平，根据薪资水平，对原始数据进行清洗，删除月薪大于40000元、低于3000元的观测，并以新变量"wage"存入该数据集，对薪资水平进行描述分析并简要解读。

b. 下面我们要对传统金融与金融科技的岗位进行区分，数据集中X_3为职位名称，请把名称中包含"数据""IT""量化"及"工程师"字样的职位名称归为金融科技岗位，其他作为传统金融岗位。在数据集中增加变量is_tech，金融科技岗位is_tech=1，传统金融岗位is_tech=0。数据集中X_0为城市名称，请按照城市名称及岗位类型（传统金融或金融科技）计算岗位的薪资水平均值，绘制柱状图，并给出解读。

c. 绘制不同年限工作经验对应薪酬水平的箱线图，并给出解读。

第五章
参数估计与假设检验

　　这一章将介绍统计分析中的两个重要方法:参数估计与假设检验。在实际业务场景中,如果希望得到关于某个业务问题的结论,往往需要收集一些数据进行分析,并期望得到尽可能精确的结论。为什么这里说是"尽可能精确"呢？这是因为采集到的数据往往带有随机性或存在采样的偏差。例如,在研究灯泡的平均寿命时,不可能采集到世界上所有灯泡的数据,这时候只能随机抽取几十个灯泡,观察它们的损耗情况。如何依据采集到的灯泡样本数据对灯泡总体的寿命做出估计、推断,是本章探讨的主要问题。

　　下面举一个简单的例子来帮助我们理解本章所要研究的具体问题。假设2050年,某手机公司发布新一代手机BearPhone,声称该手机续航能力比上一版本(20小时的续航)有较大提升。为调查市面上售卖的手机是否真的拥有这样的续航能力,我们收集并测试了50部手机。假设手机的续航时间服从指数分布,那么我们希望解答如下问题。

　　(1)这批手机的平均续航时间是多久?
　　(2)这批手机续航时间是否超过20小时?

　　以上两个问题是本章希望回答的两个典型问题。首先,"手机的续航时间服从指数分布"是本问题的一个核心的模型假设。对于参数为λ的指数分布,可知其均值为$\frac{1}{\lambda}$。因此,如果得知λ的数值,则问题(1)即可迎刃而解。然而,现实中我们往往无法得知 λ 的真实值,这就需要通过样本(例子中的50部手机)的取值对总体(所有手机)的平均值进行估计。这个估计的统计性质如何?产生的误差有多大?这是参数估计部分需要回答的问题。

问题(2)属于假设检验的范畴。我们可以采取一个非常严格的准则:如果这批收集到的样本均值 $\bar{x} \geq 20$,则认为这批手机达到了声称的标准,否则认为没有达到。这个标准十分严格,但不一定是对问题(2)的最合适的解答。正如前面参数估计中提到的,通过样本均值估计总体均值存在一定的误差。在这种误差存在的前提下,可以对以上准则进行调整:当 $\bar{x} \geq l$ 时,认为这批手机达到了公司声称的续航时间。但这又产生了新问题:l 取什么值比较合适?这是假设检验需要回答的问题。

案例引入

本章主要包括3个简短的案例,以下对每个案例及数据进行简要介绍。

案例1:手机续航时间研究

背景介绍

手机续航能力是指手机在正常工作时的待机时间,它与手机本身的耗电量和电池容量大小有关。在电池容量相同的情况下,耗电量越小,续航能力越强;在耗电量相同的情况下,电池容量越大,待机时间越长。近年来,各品牌厂家都致力于打造续航能力更强的新款手机,从而满足现代人对手机长时间使用的需求,提高自身的市场竞争力。

数据介绍

本案例使用的数据是50部BearPhone手机的续航时间,单位为小时。

```
# 显示续航时间样本数据
print(battery)
##  [1] 20.2 19.4 18.6 18.2 19.8 21.4 18.2 19.8 17.4 19.4 21.4 19.0 19.0 17.0
## [15] 23.0 22.6 21.4 20.2 22.6 20.2 21.4 20.2 18.2 20.2 19.0 19.8 19.8 20.6
## [29] 20.6 18.6 19.0 21.4 20.6 21.8 19.8 19.4 21.8 19.4 17.4 20.2 19.8 17.8
## [43] 17.4 19.8 20.2 19.0 20.2 18.2 21.0 19.8
```

本案例研究的问题是这一批手机的续航时间是否达到20小时。

案例2:减肥药疗效研究

背景介绍

随着生活水平的提高,油腻、高热量的食物成为很多年轻人的便捷之选,肥胖患者日益增多。肥胖问题会极大危害身体健康,仅在2015年,全球因肥胖死亡的人数就已超过400万,世界卫生组织已将超重、肥胖定义为一种慢性病。因此,减肥不仅是一个时尚与外形相关的话题,更关乎身体健康。为了应对肥胖带来的身体健康问题,制药公司纷纷推出减肥特效药。减肥药药效如何,需要进行大量试验,然后得出结论。

数据介绍

在减肥的案例中,将会使用以下减肥药药效的数据。一个合规的减肥药要在美国合法上市,必须有美国食品药品监督管理局(FDA)的批准。为此,FDA对使用该药物的受试者做了一组试验,记录了受试者在使用减肥药前后的体重(单位:kg),数据如表5-1所示。

表5-1 减肥药试验数据

受试者编号	1	2	3	4	5	6	7	8	9	10
服用药物前的体重 x	50	59	55	60	58	54	56	53	61	51
服用药物后的体重 y	43	55	49	62	59	49	57	54	55	48
差 $d = x - y$	7	4	6	-2	-1	5	-1	-1	6	3

受试者在服用减肥药后体重是否显著下降是本章所要探究的问题。

案例3:《红楼梦》作者争议

背景介绍

《红楼梦》被列为中国古代四大名著之首,文学价值极高,围绕作品本身的争议也很多,其中一大争议便是作者归属问题。

主流学界认为《红楼梦》共120回,前80回比较公认的作者是曹雪芹。曹雪芹自述批阅十载,增删五次,方成此书。有学者认为,《红楼梦》整个故事的发展,正是曹雪芹家族的镜像。《红楼梦》后40回原作散失,至今作者归属仍是谜团,各学派争论不一。胡适先生大胆假设,认为后40回并非曹雪芹所著,而是高鹗续书。周汝昌认为《红楼梦》共108回,现存80回,后28回遗失。白先勇认为,没有人能续作红楼梦,后40回中作者笔触细腻,前后呼应,120回应全系曹雪芹所做。

众多大家各执一词,学术界仍无定论。本章从文本分析的角度,分析作者用语习惯的改变,探索《红楼梦》作者归属的问题。

数据介绍

本案例收集了《红楼梦》中有代表性的若干个文言虚词,并希望探究这些虚词在《红楼梦》前后的使用差异。在本章中,我们选择具有代表性的"之"和"亦"两个虚词,通过对比词频在整本书前后出现的差异,可以了解作者用语习惯的改变。具体而言,统计每个虚词在每个章回的总字频。将全书1~40回、41~80回、81~120回切分为3个总体,这3个总体中两个字的平均字频如图5-1所示。从柱状图可以看到,这两个文言虚词出现的频率在前80回变化不大,而在后40回使用频率大大降低,这说明作者的语言风格在后40回更加偏向白话。那么这种差异是否显著呢?这是我们要探索的问题。

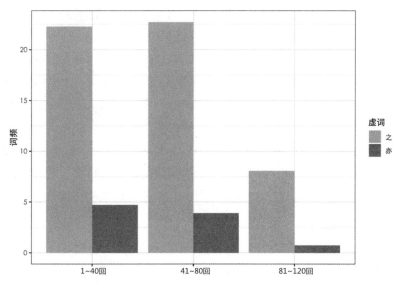

图 5-1 《红楼梦》中虚词"之""亦"使用频数柱状图

本章难点

（1）理解并掌握不同的参数估计方法，包括矩估计、最大似然估计和区间估计；熟练掌握常见的参数估计方法在实际案例中的应用，并使用 R 语言实现。

（2）理解假设检验的基本思想、步骤，理解 p 值的概念，熟练掌握假设检验问题的基本类型，并使用 R 语言实现。

（3）了解单因素方差分析的基本思想。

5.1 总体、样本和样本量

在学习具体方法之前，我们先介绍一些需要用到的概念。理解这些概念有助于理解本章所学习的主要内容的原理。

5.1.1 总体

总体是指所研究问题的对象的全体。注意，这里"总体"因为所研究问题的不同而不同。例如，案例 1 中希望研究 BearPhone 手机的续航时间，此时，所有型号为 BearPhone 的手机的续航时间就构成了总体。假如希望研究中国内地 BearPhone 手机的续航时间，那么，总体就变成了"所有中国内地

BearPhone手机的续航时间"。这里限定了手机的特性是续航时间,而不是手机的重量、大小等。因此,这里所说的"BearPhone手机的续航时间"构成了一组数值。

这些数值在分布上可能存在一定的规律特征。在对总体进行研究时,往往赋予其一定的概率分布,使得可以通过概率论等工具对其进行研究。对于总体的数目有两种认知方式,一种是认为总体数目有限,此时可以采用一些离散分布描述总体的分布情况。另一种认为总体是无限的,如上面例子提到的BearPhone手机的续航时间,可以认为总体既包含目前市面上已经售卖的手机,也包括正在生产和即将生产的手机。"无限总体"这个概念由著名统计学家罗纳德·费舍尔提出。这种认知方式使我们可以用连续分布刻画总体特征,例如,可以认为手机的续航时间服从指数分布。在实际应用中,这种分布形式往往能很好地描述数据的规律,相关的近似误差在实际应用中也可以忽略。

5.1.2 样本

样本是按照一定规律从总体中抽出的一部分个体。在案例1中,如果我们要研究所有市面上的BearPhone手机的续航时间,需要收集所有的BearPhone手机,需要投入大量的人力、物力,这显然是不切实际的。因此,我们常常通过样本来推断总体的特征。在案例1中,我们抽出的50部手机的续航时间就是总体的一组样本,这里的50就是样本量(或称作样本容量)。

从总体中抽取样本的方式不能是随意的,如希望了解所有BearPhone手机的续航情况,而抽取的样本仅来自中国地区,这些样本就不能很好地代表总体的特征。再如在总统大选中,希望通过问卷的形式调查民意,但如果调查在互联网上进行,那么收集到的信息只能代表一部分愿意使用互联网的选民,从而导致对整体选票情况认知产生偏差。因此,一般需要从总体中以简单随机抽样的形式采集样本,这种抽样方式要求每个个体有同等机会被选入样本,样本之间相互独立,分布相同,可以较好地代表总体的性质。

5.1.3 统计量

统计量是样本的函数,其取值完全依赖样本。什么叫完全依赖样本呢?在案例1中,我们计算了样本均值$\bar{x}=19.824$,这里的样本均值就是关于样本的一个函数,同时其取值不依赖其他未知数值,因此是一个统计量。但是,如果假设总体的均值为μ,那么$\bar{x}-\mu$就不是一个统计量,这是因为这里的总体均值μ未知,所以不能说"取值完全依赖样本"。

为什么要有统计量这样一个概念呢?统计量可以看作是对样本的加工,目的是刻画总体的特征。简单来说,每个样本抽样来自总体,因此也携带了总体的"基因"。例如,可以认为每个样本都含有总体均值μ的信息,通过一组样本计算得到的样本均值,可以更准确地反映总体均值的性质。

5.2 参数估计

假设总体的分布由分布函数 $F(x;\theta)$ 刻画,其中包含未知参数 θ。例如,正态总体 $N(\mu,\sigma^2)$ 包含两个未知参数 μ 和 σ^2,应该如何估计这些未知参数的值呢?这就是参数估计要解决的问题。然而,参数估计所讨论的范畴不仅限于对未知参数的估计,还包括对总体分布的各种特征的估计,如总体均值、方差、高阶矩等。参数估计的主要形式有两种:点估计与区间估计。点估计要构造一个统计量 $\hat{\theta} = \hat{\theta}(x_1,\cdots,x_n)$,将样本取值代入后得到一个点估计值,可以认为这里的未知参数是一个点,通过另外一个点 $\hat{\theta}$ 去估计它,则称为点估计。区间估计与点估计不同,它通过构造一个区间 $[\hat{\theta}_L, \hat{\theta}_U]$ 给出未知参数 θ 的估计,上述区间以较高的概率(如95%)包含真实参数 θ,这个概率被称为置信水平。

5.2.1 矩估计

1. 定义

矩估计是点估计的重要方式之一。矩估计的思想由著名统计学家卡尔·皮尔逊提出,其基本思想是通过样本矩去估计总体矩。

具体而言,设 $x_1,\cdots,x_n$ 是来自总体 X 的一个样本,总体的 k 阶矩为 $\mu_k = E(X^k)$,样本的 k 阶原点矩定义如下,通过样本 k 阶原点矩去估计总体 k 阶矩。

$$\hat{\mu}_k = \frac{1}{n}\sum_{i=1}^{n} x_i^k$$

2. 实例分析

设 $x_1,\cdots,x_n$ 是从正态总体 $N(\mu,\sigma^2)$ 中抽出的一个样本,其中 μ 是总体均值,也就是总体一阶原点矩;σ^2 是总体方差,也就是总体二阶原点矩。根据矩估计的方法,可以用样本一阶矩(样本均值)及样本二阶矩分别对其进行估计。在估计总体方差时,往往要做一个小的修正,即采用样本方差对其进行估计。我们通过一个随机模拟实验模拟这种估计效果。

```
set.seed(123)   # 设置随机数种子
data1 <- rnorm(n = 1000, mean = 5, sd = 2)   # 产生服从正态分布的随机数
mean(data1)   # 样本均值
## [1] 5.032256
var(data1)   # 样本方差
## [1] 3.933836
```

以1000个服从 $N(5,4)$ 的随机数为样本,求它的一阶原点矩(均值)和二阶中心矩(方差),作为总体均值和方差的估计。结果显示,对总体均值的估计为 $\hat{\mu} = \dfrac{\sum_{i=1}^{n} x_i}{n} = 5.03$,总体方差的估计

为 $\hat{\sigma}^2 = \dfrac{\sum_{i=1}^{n}(x_i - \bar{x})^2}{n-1} = 3.93$。

上述示例给出了一个简单的例子,其中未知参数 μ 和 σ^2 的值都可以通过样本一阶矩、样本二阶矩获得,但并不是所有分布的未知参数都可以用这种方式获得。一般来说,假设总体 X 的分布函数含有 k 个未知参数 $\theta_1, \cdots, \theta_k$,且假设总体分布的前 k 阶矩存在,此时可以通过联立方程组的形式求得 θ_j 的估计。设 $\mu_j = g_j(\theta_1, \cdots, \theta_k)$,则可以得到 k 个方程($j = 1, \cdots, k$)。在方程可以求解的前提下,设求解得 $\theta_j = h_j(\mu_1, \cdots, \mu_k)$,代入样本矩的估计值 $\hat{\mu}_1, \cdots, \hat{\mu}_k$,则可求得未知参数的估计值 $\hat{\theta}_j = h_j(\hat{\mu}_1, \cdots, \hat{\mu}_k), j = 1, \cdots, k$。

5.2.2 最大似然估计

最大似然估计(Maximum Likelihood Estimation,MLE)是本章将要介绍的第二种重要的点估计方式。当总体参数类型已知(如已知是正态分布)时,可以选用最大似然估计。

1. 定义

以下我们简述最大似然估计的原理。假设总体 X 的分布是连续的,其概率密度函数为 $f(x, \theta)$(当总体 X 分布离散时,可以替换为概率函数)。当样本 $x_1, \cdots, x_n$ 满足独立同分布假设时,样本的联合密度函数如下。

$$L(x_1, \cdots, x_n; \theta) = f(x_1, \theta) f(x_2, \theta) \cdots f(x_n, \theta)$$

以上联合密度函数可以作为一组样本 $(x_1, \cdots, x_n)$ 出现的可能性。假设已经观察到 $x_1, \cdots, x_n$ 的取值,则应寻找 θ 的值,使得这组观测到的样本出现的可能性尽量大。当 $x_1, \cdots, x_n$ 代入样本的观察值时,以上联合密度可以看成是 θ 的函数,称为似然函数,记为 $L(\theta)$。最大似然估计就是使得似然函数最大时的估计值 $\hat{\theta} = \arg\max L(\theta)$。最大似然估计法自提出以来,其性质被广泛研究,一般来说,当模型参数形式已知时,最大似然估计具备优良的性质。

2. 求解

如何求解最大似然估计呢?当函数 $f(\cdot)$ 对 θ 可导时,可以通过求导法求解似然函数的最大值。由于在似然函数中 $f(x_i, \theta)$ 是相乘的形式,并不利于直接求导,一般可以将似然函数转换为对数似然函数 $\log L(\theta) = \sum_{i=1}^{n} \log [f(x_i; \theta)]$。注意这里的 $\log(\cdot)$ 变换是一个单调变换,因此求解最大似然估计可以转换为求解对数最大似然函数的最大值。同时,$\log(\cdot)$ 变换将密度函数相乘形式转换为相加形式,更利于求导求解。通过求解以下方程可以求得最大似然函数的估计值。

$$\dfrac{\partial \log L(\theta)}{\partial \theta} = \sum_{i=1}^{n} \dfrac{\partial \log [f(x_i; \theta)]}{\partial \theta} = 0$$

从最大似然估计的定义可以看出,即使 $L(\theta)$ 与联合密度函数相差一个与 θ 无关的比例因子,也不会影响最大似然估计。因此,可以在$L(\theta)$中剔去与θ无关的因子。

但是,如果函数$f(\cdot)$对θ不可导,甚至$f(\cdot)$本身也不连续时,无法使用求导进行求解,此时仍需要通过最大似然函数求解。

最大似然估计有一个简单而实用的性质:如果$\hat{\theta}$是θ的最大似然估计,则对任一函数$g(\theta)$,其最大似然估计为$g(\hat{\theta})$。这个性质被称为最大似然估计的不变性,这一性质使得一些复杂结构的参数的最大似然估计更易求解。

3. 实例分析

以下介绍两个在R语言中求解最大似然估计的具体步骤。

(1)求解正态分布的最大似然估计。

假设新一代BearPhone手机续航时间服从正态分布$N(\mu, \sigma^2)$,其中,μ是总体均值,σ^2是总体方差,请根据案例数据中的50个续航时间样本,使用最大似然估计方法,估计总体的均值和方差。

正态分布的似然函数如下。

$$L(\mu, \sigma^2) = \prod_{i=1}^{n}\left(\frac{1}{\sqrt{2\pi}\,\sigma}\exp\left\{-\frac{(x_i-\mu)^2}{2\sigma^2}\right\}\right) = (2\pi\sigma^2)^{-\frac{n}{2}}\exp\left\{-\frac{1}{2\sigma^2}\sum_{i=1}^{n}(x_i-\mu)^2\right\}$$

求解对数似然函数并求导,令导数等于0,公式如下。

$$\ln L(\mu, \sigma^2) = -\frac{1}{2\sigma^2}\sum_{i=1}^{n}(x_i-\mu)^2 - \frac{n}{2}\ln\sigma^2 - \frac{n}{2}\ln(2\pi)$$

$$\frac{\partial \ln L(\mu,\sigma^2)}{\partial \mu} = \frac{1}{\sigma^2}\sum_{i=1}^{n}(x_i-\mu) = 0 \Rightarrow \hat{\mu} = \bar{x}$$

$$\frac{\partial \ln L(\mu,\sigma^2)}{\partial \sigma^2} = \frac{1}{2\sigma^4}\sum_{i=1}^{n}(x_i-\mu)^2 - \frac{n}{2\sigma^2} = 0$$

因此μ的最大似然估计是$\bar{x}$,进一步代入$\hat{\mu}=\bar{x}$得到如下公式。

$$\hat{\sigma}^2 = \frac{1}{n}\sum_{i=1}^{n}(x_i-\bar{x})^2 = s^2$$

由推导结果可知,正态总体均值和方差的最大似然估计和矩估计相同,R语言代码如下。

```
cat('手机电池续航数据: ', battery, '\n')
## 手机电池续航数据:  20.2 19.4 18.6 18.2 19.8 21.4 18.2 19.8 17.4 19.4 21.4 19
19 17 23 22.6 21.4 20.2 22.6 20.2 21.4 20.2 18.2 20.2 19 19.8 19.8 20.6 20.6
18.6 19 21.4 20.6 21.8 19.4 19.8 21.8 19.4 17.4 20.2 19.8 17.8 17.4 19.8 20.2
19 20.2 18.2 21 19.8
# 续航时间均值的最大似然估计
mu_mle <- mean(battery)
# 续航时间方差的最大似然估计
sigma_mle <- mean((battery - mean(battery)) ** 2)
cat('均值的最大似然估计值: ', mu_mle,
```

```
                '方差的最大似然估计值: ', sigma_mle, '\n')
## 均值的最大似然估计值:  19.824 方差的最大似然估计值:  1.948224
```

(2)均匀分布的最大似然估计。

虽然求导函数是求最大似然估计最常用的方法,但并不是所有场合求导都是有效的,如在似然函数不可导的情况下需要采取其他方式求解最大似然估计,下面的例子说明了这个问题。

设 $x_1, \cdots, x_n$ 是从均匀分布总体 $U(0, \theta)$ 中抽出的一个样本,观测值如下。

| 6.0627 | 9.3764 | 2.6435 | 3.8009 | 8.0748 | 9.7808 | 9.5793 | 7.6273 | 5.0965 | 0.6448 |
| 6.4357 | 9.1591 | 0.9523 | 2.9537 | 7.6993 | 2.5589 | 5.1790 | 6.7785 | 1.4723 | 7.0053 |

试求解 θ 的最大似然估计。

似然函数如下。

$$L(\theta) = \frac{1}{\theta^n} \prod_{i=1}^{n} I\left[0 < x_i \leq \theta\right] = \frac{1}{\theta^n} I\left[0 < x_n \leq \theta\right]$$

要使 $L(\theta)$ 达到最大,首先示性函数的取值应该为1,其次 $\frac{1}{\theta^n}$ 尽可能大。由于 $\frac{1}{\theta^n}$ 是 θ 的单调减函数,因此 θ 的取值应尽可能小,同时示性函数为1决定了 $\theta \geq x_{(n)}$,这里 $x_{(n)}$ 代表样本观测的第 n 个次序统计量,由此给出 θ 的最大似然估计 $\hat{\theta} = x_{(n)}$。

R语言代码如下。

```
# θ 的最大似然估计值
theta_mle = max(samples)
cat('θ的最大似然估计值: ', theta_mle, '\n')
## θ的最大似然估计值:  9.7808
```

5.2.3 区间估计

1. 基本概念

点估计给出了未知参数的一个"点"的估计,但是未能概括估计的精度。在案例1中,虽然可以通过样本均值得到BearPhone手机的续航时间均值的估计,但并不知道这种估计的误差是多少,此时区间估计很好地弥补了这种不足。假如我们通过估计得知,手机的续航时间以极大的可能性位于区间 [18.5, 21] 内,则这个区间便可以用来作为一种描述误差的形式。

设 θ 是总体的一个参数,$x_1, \cdots, x_n$ 是样本,所谓区间估计就是要找到两个统计量 $\hat{\theta}_L(x_1, \cdots, x_n)$ 和 $\hat{\theta}_U(x_1, \cdots, x_n)$,使得 $\hat{\theta}_L < \hat{\theta}_U$。得到样本的观测值后,则可以得到区间估计 $[\hat{\theta}_L, \hat{\theta}_U]$。区间估计的长度越小,则越精确。由于样本的随机性,区间 $[\hat{\theta}_L, \hat{\theta}_U]$ 盖住未知参数 θ 的可能性并不确定,人们通常要求区间 $[\hat{\theta}_L, \hat{\theta}_U]$ 盖住 θ 的概率 $P(\hat{\theta}_L \leq \theta \leq \hat{\theta}_U)$ 尽可能大,但这必然会导致区间长度增大。为了平衡这种矛盾,统计学家内曼建议采取一种折中的方案:把区间 $[\hat{\theta}_L, \hat{\theta}_U]$ 盖住 θ 的概率(也称为置信水平)事先给

定,寻找区间长度尽量小的区间估计。以下给出置信区间的定义。

设 θ 是总体的一个参数,其参数空间为 Θ,$x_1,\cdots,x_n$ 是来自该总体的样本,对给定的一个置信水平 $\alpha(0<\alpha<1)$,假设有两个统计量 $\hat{\theta}_L=\hat{\theta}_L(x_1,\cdots,x_n)$ 和 $\hat{\theta}_U=\hat{\theta}_U(x_1,\cdots,x_n)$,若对于任意的 $\theta\in\Theta$,有 $P(\hat{\theta}_L\leq\theta\leq\hat{\theta}_U)\geq 1-\alpha$,则称随机区间 $[\hat{\theta}_L,\hat{\theta}_U]$ 为 θ 的置信水平为 $1-\alpha$ 的置信区间,或简称 $[\hat{\theta}_L,\hat{\theta}_U]$ 是 θ 的 $1-\alpha$ 置信区间,$\hat{\theta}_L$ 和 $\hat{\theta}_U$ 分别称为 θ 的(双侧)置信下限和置信上限。

在实际数据分析中,一般取 $\alpha=0.05$。当然,也可以设定 α 为其他较小的数值。可以这样理解 $1-\alpha$ 置信区间:通过样本设法构造出置信区间 $[\theta_L,\theta_U]$,使得该区间覆盖真实的未知参数 θ 的概率为 $1-\alpha$。可以设想,当样本取值不同时,构造出的区间也有所不同。如果进行100次抽样,对每次抽样的样本以相同的方式进行置信区间的估计,则约有 $100(1-\alpha)$ 次构造的区间包含真实参数,而有约 100α 次区间估计没有包含真实参数。那么,给定一组数据,应该如何构造置信区间呢?下面给出具体估计方法。

2. 枢轴量法

构造未知参数 θ 的置信区间的一种常用方法是枢轴量法,具体步骤如下。

(1)从 θ 的一个点估计 $\hat{\theta}$ 出发,构造 $\hat{\theta}$ 与 θ 的一个函数 $G(\hat{\theta},\theta)$,使得 G 的分布是已知的,而且与 θ 无关。通常称这种函数 $G(\hat{\theta},\theta)$ 为枢轴量,一般选择常用的已知分布作为 G 的分布,如标准正态分布 $N(0,1)$、t 分布等。

(2)适当选取两个数 c 和 d,使得对于给定的 α 有如下公式。

$$P\big[c\leq G(\hat{\theta},\theta)\leq d\big]\geq 1-\alpha \tag{5.2.1}$$

这里概率的"$\geq$"是专门为离散分布而设置的,当 $G(\hat{\theta},\theta)$ 的分布是连续分布时,应选 c 和 d 使得公式(5.2.1)中的概率等于 $1-\alpha$,这样就能充分使用置信水平 $1-\alpha$,并获得同等置信区间。

(3)利用不等式运算,将不等式 $c\leq G(\hat{\theta},\theta)\leq d$ 等价变形,最后得到形如 $\hat{\theta}_L\leq\theta\leq\hat{\theta}_U$ 的不等式。完成以上步骤后,$[\hat{\theta}_L,\hat{\theta}_U]$ 就是 θ 的 $1-\alpha$ 置信区间,此时如下公式成立。

$$P(\hat{\theta}_L\leq\theta\leq\hat{\theta}_U)=P\big[c\leq G(\hat{\theta},\theta)\leq d\big]\geq 1-\alpha \tag{5.2.2}$$

满足上述条件的 c 和 d 可以有很多,选择的目的是希望公式(5.2.2)中的区间平均长度 $E_\theta(\hat{\theta}_U-\hat{\theta}_L)$ 尽可能短。可以找到这样的 c 和 d 当然是最好的,但在不少场合很难做到这一点,因此常选择 c 和 d,使得两个尾部概率各为 $\dfrac{\alpha}{2}$,即满足如下公式。

$$P_\theta\big[G(\hat{\theta},\theta)<c\big]=P_\theta\big[G(\hat{\theta},\theta)>d\big]=\dfrac{\alpha}{2}$$

这样得到的置信区间称为等尾置信区间,实用的置信区间多为等尾置信区间。

3. 正态总体均值的置信区间

(1)单个正态总体均值的置信区间。

正态总体 $N(\mu, \sigma^2)$ 是最常见的分布，我们首先来讨论 σ 已知时 μ 的置信区间。在 σ 已知的情况下，由于 μ 的点估计为 $\bar{x}$，其分布为 $N\left(\mu, \dfrac{\sigma^2}{n}\right)$，因此枢轴量可以选为 $G = \dfrac{(\bar{x} - \mu)}{\dfrac{\sigma}{\sqrt{n}}} \sim N(0,1)$，$c$ 和 d 应满足 $P(c \leqslant G \leqslant d) = \Phi(d) - \Phi(c) = 1 - \alpha$，经过不等式变形可得如下公式。

$$P_\mu\left(\bar{x} - \dfrac{d\sigma}{\sqrt{n}} \leqslant \mu \leqslant \bar{x} - \dfrac{c\sigma}{\sqrt{n}}\right) = 1 - \alpha$$

该区间长度为 $\dfrac{(d-c)\sigma}{\sqrt{n}}$，由于标准正态分布为单峰对称，如图 5-2 所示，在 $\Phi(d) - \Phi(c) = 1 - \alpha$ 的条件下，当 $d = -c = z_{1-\frac{\alpha}{2}}$ 时，$d - c$ 达到最小，其中 z 服从标准正态分布，$\Phi\left(z_{1-\frac{\alpha}{2}}\right) = 1 - \dfrac{\alpha}{2}$，由此给出了 μ 的 $1 - \alpha$ 同等置信区间如下。

$$\left[\bar{x} - \dfrac{z_{1-\frac{\alpha}{2}}\sigma}{\sqrt{n}}, \bar{x} + \dfrac{z_{1-\frac{\alpha}{2}}\sigma}{\sqrt{n}}\right]$$

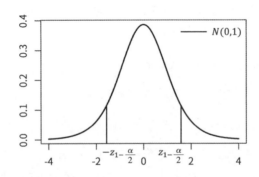

图 5-2 标准正态分布示意图

实例分析

已知案例中手机的续航时间服从正态分布，其标准差为 2 小时，试求该型号手机续航时间的 0.95 置信区间。

R 语言实现代码如下。

```
# 续航时间区间估计
# 方法1:使用公式计算
mu <- mean(battery)
sigma <- 2
n <- 50
spread <- qnorm(1-0.05/2, 0, 1) * sigma / sqrt(n)
cat(sprintf('续航时间的置信区间: [%s, %s]',
        round(mu - spread, 4),
```

```
            round(mu + spread, 4), '\n'))
## 续航时间的置信区间：[19.2696, 20.3784]
# 方法2：使用z.test()函数计算
library(BSDA)
interval_1 <- z.test(battery, sigma.x = sigma, conf.level = 0.95)$conf.int
cat(sprintf('续航时间的置信区间：[%s, %s]',
            round(interval_1[1], 4),
            round(interval_1[2], 4), '\n'))
## 续航时间的置信区间：[19.2696, 20.3784]
```

当 σ 未知时，可以用样本方差 s^2 估计总体方差 σ^2，此时可以使用 T 统计量 $T = \dfrac{\sqrt{n}(\bar{x} - \mu)}{s}$，该统计量满足自由度为 $n-1$ 的 t 分布 $t(n-1)$，因此 T 可以作为枢轴量。和上一种情况的推导类似，μ 的 $1-\alpha$ 置信区间如下。

$$\frac{\bar{x} \pm t_{1-\frac{\alpha}{2}}(n-1)s}{\sqrt{n}}$$

其中，$P\left[t(n-1) \leq t_{1-\frac{\alpha}{2}}(n-1)\right] = 1 - \dfrac{\alpha}{2}$，此处 s^2 是总体方差 σ^2 的无偏估计。

(2) 两个正态总体均值差的置信区间。

设 $x_1, x_2, \cdots, x_m$ 是来自 $N(\mu_1, \sigma_1^2)$ 的样本，$y_1, y_2, \cdots, y_n$ 是来自 $N(\mu_2, \sigma_2^2)$ 的样本，且两个样本相互独立，$\bar{x}$ 和 $\bar{y}$ 分别是它们的样本均值，下面来讨论两个均值差的置信区间。

① 当 σ_1^2 和 σ_2^2 已知时，有 $\bar{x} - \bar{y} \sim N\left(\mu_1 - \mu_2, \dfrac{\sigma_1^2}{m} + \dfrac{\sigma_2^2}{n}\right)$，取枢轴量如下。

$$z = \frac{\bar{x} - \bar{y} - (\mu_1 - \mu_2)}{\sqrt{\dfrac{\sigma_1^2}{m} + \dfrac{\sigma_2^2}{n}}} \sim N(0, 1)$$

得到 $\mu_1 - \mu_2$ 的 $1-\alpha$ 置信区间为 $\bar{x} - \bar{y} \pm z_{1-\frac{\alpha}{2}} \sqrt{\dfrac{\sigma_1^2}{m} + \dfrac{\sigma_2^2}{n}}$。

② 当 $\sigma_1^2 = \sigma_2^2 = \sigma^2$ 未知时，同样需要通过样本方差估计总体方差值，这时有如下公式。

$$\bar{x} - \bar{y} \sim N\left[\mu_1 - \mu_2, \left(\frac{1}{m} + \frac{1}{n}\right)\sigma^2\right]$$

$$\frac{(m-1)s_x^2 + (n-1)s_y^2}{\sigma^2} \sim \chi^2(m+n-2)$$

其中，s_x^2 和 s_y^2 分别代表两样本各自的样本方差值。由于假设 $\sigma_1^2 = \sigma_2^2 = \sigma^2$，因此可以将两样本合并估计总体方差：$s_w^2 = \dfrac{(m-1)s_x^2 + (n-1)s_y^2}{m+n-2}$，则此时 $\mu_1 - \mu_2$ 的 $1-\alpha$ 置信区间如下。

$$\bar{x} - \bar{y} \pm \sqrt{\frac{m+n}{mn}} s_w t_{1-\frac{\alpha}{2}}(m+n-2)$$

③当 $\sigma_1^2 \neq \sigma_2^2$ 且二者都未知时,在 H_0 成立的情况下,检验统计量 $T = (\bar{x} - \bar{y})\sqrt{\left(\frac{s_x^2}{m} + \frac{s_y^2}{n}\right)}$ 服从自由度为 $v = \dfrac{\left(\dfrac{s_x^2}{m} + \dfrac{s_y^2}{n}\right)^2}{\dfrac{\left(\dfrac{s_x^2}{m}\right)^2}{m-1} + \dfrac{\left(\dfrac{s_y^2}{n}\right)^2}{n-1}}$ 的 t 分布,则此时 $\mu_1 - \mu_2$ 的 $1-\alpha$ 置信区间如下。

$$(\bar{x} - \bar{y}) \pm T_{\frac{\alpha}{2}}\sqrt{\frac{s_x^2}{m} + \frac{s_y^2}{n}}$$

实例分析

为了了解《红楼梦》在前、中、后3个部分的虚词使用习惯,拟对不同章节的"之"字词频进行分析。假设《红楼梦》对文言虚词的使用频率服从正态分布,试求41~80回和81~120回虚词"之"词频差的0.95置信区间。

R语言实现的代码如下。

```
wenyan <- read.csv("红楼梦虚词词频统计.csv", stringsAsFactors = F)
freqx <- wenyan$`之`[41:80]
freqy <- wenyan$`之`[81:120]
m = length(freqx); n = length(freqy)
u_x = mean(freqx); u_y = mean(freqy)
s_x = sd(freqx); s_y = sd(freqy)

## (1) 如果两部分数据的方差相等
## 方法1:使用公式计算
s_w = sqrt(((m-1)*s_x^2 + (n-1)*s_y^2) / (m+n-2))
spread = qt(1 - 0.05/2, m+n-2) * s_w * sqrt(1/m + 1/n)
cat(sprintf('如果两部分数据方差相等,41~80回和81~120回"之"词频差的置信区间: [%s, %s]',
         round(u_x - u_y - spread, 4),
         round(u_x - u_y + spread, 4), '\n'))
## 如果两部分数据方差相等,41~80回和81~120回"之"词频差的置信区间: [8.9824, 20.3176]

## 方法2:使用t.test()函数计算
interval_3 <- t.test(freqx, freqy, var.equal = T, conf.level = 0.95)$conf.int
cat(sprintf('如果两部分数据方差相等,41~80回和81~120回"之"词频差的置信区间: [%s, %s]
',
         round(interval_3[1], 4),
         round(interval_3[2], 4), '\n'))
## 如果两部分数据方差相等,41~80回和81~120回"之"词频差的置信区间: [8.9824, 20.3176]
```

```
## (2) 如果两部分数据方差不等
## 一般直接使用t.test()函数计算
interval_4 <- t.test(freqx, freqy, var.equal = F, conf.level = 0.95)$conf.int
cat(sprintf('如果两部分数据方差不等,41~80回和81~120回"之"词频差的置信区间: [%s, %s]',
            round(interval_4[1], 4),
            round(interval_4[2], 4), '\n'))
## 如果两部分数据方差不等,41~80回和81~120回"之"词频差的置信区间: [8.928, 20.372]
```

5.3 假设检验

假设检验是统计推断关注的另外一个重要问题。从引入案例可以看出,参数估计侧重参数的估计方式、估计误差等。与参数估计不同,假设检验是在做判断题:手机的续航时间是否达到了标准?答案只有两个:是,或者否。为了更好地理解假设检验问题,我们再举一个例子。

在案例2中,FDA对该减肥药做了一组试验,观察受试者在使用减肥药前后的体重是否有明显的变化。这个试验只有两个结果:①受试者使用减肥药后体重发生变化;②受试者体重在用药前后没有明显差异。因此,假设检验可以理解为一个判断题。

这样的判断题还有哪些?你会发现身边有很多这样的场景,如法官判决嫌疑人是否有罪,签证官判断你是否有移民倾向,消费者判断是否应作出购买决策。

如何得到判断题的答案呢?这个答案是对是错?错误的可能性是多大?这是假设检验需要回答的重要问题。为此,以下讲解假设检验的步骤。

5.3.1 假设检验的基本步骤

1. 提出假设

假设检验的首要元素是"假设"。首先要提出一个假设,才能针对这个假设的命题进行判断(也就是检验)。这个假设一般被称为"原假设",用 H_0 表示。

在案例1中,原假设 H_0:"市面上的Bearphone手机续航时间未超过20小时";在案例2中,原假设 H_0:"受试者在使用制药公司的减肥药前后体重没有差异"。

如果认为原假设不正确,那么可以选择另外一个备选的假设,也称为"备择假设",备择假设一般用 H_1 表示。

在案例1中,备择假设 H_1:"市面上的BearPhone手机续航时间超过20小时";在案例2中,备择假设 H_1:"受试者在使用减肥药后体重有明显下降"。

备择假设的确定与问题本身有关。例如,在案例2中,希望得知减肥药是否有显著的减肥效果,所以将体重下降确定为备择假设。

2. 选择检验统计量

我们可以通过数学语言对原假设及备择假设进行描述。在案例1中,假设总体BearPhone手机的续航时间均值为μ,那么假设可以描述如下。

$$H_0: \mu \leq 20; \quad H_1: \mu > 20$$

在案例2中,假设在使用减肥药品前体重均值为μ_1,使用后体重均值为μ_2,那么假设问题描述如下。

$$H_0: \mu_1 = \mu_2; \quad H_1: \mu_2 < \mu_1$$

假设检验的首要任务是确认原假设H_0是否成立。注意,H_0是使用总体的参数描述的,而在现实中,我们只能收集到样本数据,因此需要通过样本数据对总体参数的假设进行判断。在前文中我们介绍过,对总体均值可以使用样本均值进行估计,因此,在构建检验统计量时,可以将样本均值考虑进来。在案例1中,可以选择样本均值作为检验统计量,并与20进行比较;在案例2中,可以将使用减肥药前后的受试者体重均值的差作为检验统计量,并与0进行比较。

3. 确定拒绝域的形式

在构造完检验统计量之后,我们如何借助这个工具来作出决策呢?这里为了展示基本想法,我们以案例1为例进行说明。首先,我们最关心的是H_0的真伪。有了具体的样本之后,我们可以把样本空间划分为两个互不相交的部分W和$\bar{W}$,当样本属于W时,拒绝H_0,否则接受H_0。于是,我们称W为该检验的拒绝域,而$\bar{W}$为接受域。

通常我们将注意力放在拒绝域上,正如在数学上我们不能用一个例子去证明一个结论,但可以用一个反例来推翻一个命题。因此,从逻辑上来看,注重拒绝域是合适的。事实上,在"拒绝原假设"和"拒绝备择假设"之间还有一个模糊域,如今把它并入接受域,因此,接受域$\bar{W}$中有以下两类样本点。

(1)样本点使得原假设H_0为真,是应该接受的。

(2)样本点提供的信息不足以拒绝原假设H_0,不宜列入W,只能保留在$\bar{W}$内,待有新的样本信息之后再议。这一点是在接受H_0时需要注意的。

那么如何表示拒绝域呢?在案例1中,样本均值$\bar{x}$是一个很好的检验统计量,这是因为样本均值是对正态总体均值的一个无偏的点估计。在案例1中,样本均值$\bar{x}$越大,意味着总体均值θ可能越大;样本均值$\bar{x}$越小,意味着总体均值θ可能越小。所以拒绝域形如$W = \{(x_1, x_2, \cdots, x_n), \bar{x} \leq c\} = \{\bar{x} \leq c\}$是合理的,其中临界值$c$待定。

当拒绝域确定了,检验的判断准则也就确定了:如果$(x_1, x_2, \cdots, x_n) \in W$,则拒绝$H_0$;如果$(x_1, x_2, \cdots, x_n) \in \bar{W}$,则接受$H_0$。由此可见,一个拒绝域$W$唯一确定一个检验法则,反之,一个检验法则也唯一确定一个拒绝域。

4. 给出显著性水平

当我们使用某种检验做判断时,可能做出正确或错误的判断。因此我们可能犯如下两种错误。

第一类错误,当 $\theta \in \Theta_0$ 时,检验拒绝了原假设 H_0,称为"拒真"错误。

第二类错误,当 $\theta \in \Theta_1$ 时,检验接受了原假设 H_0,称为"取伪"错误。

由于样本采样的随机性,以上两种错误均无法避免。具体总结如表5-2所示。

表5-2 检验的两类错误

观测数据情况	总体情况	
	H_0 为真	H_1 为真
$(x_1, x_2, \cdots, x_n) \in W$	第一类错误	正确
$(x_1, x_2, \cdots, x_n) \in \bar{W}$	正确	第二类错误

由于检验结果受到样本随机性的影响,因此我们用总体分布定义第一类错误、第二类错误的概率如下。

犯第一类错误概率:$\alpha = P_\theta \{X \in W\}, \theta \in \Theta_0$,也记为 $P\{X \in W | H_0\}$。

犯第二类错误概率:$\beta = P_\theta \{X \in \bar{W}\}, \theta \in \Theta_1$,也记为 $P\{X \in \bar{W} | H_1\}$。

理论研究表明,在固定样本量 n 的前提下,要减小 α 必导致 β 增大,反之亦然。如果想要同时减小 α 和 β,则需要增加样本量。如何处理 α 和 β 之间不易调和的矛盾呢?统计学家根据实际使用情况提出了建议:在样本量 n 已固定的场合,主要控制第一类错误的概率,并构造出"水平为 α 的检验",它的具体定义如下。

在一个假设检验问题中,先选定一个数 α,若一个检验犯第一类错误的概率不超过 α,即 $P \leq \alpha$,则称该检验是水平为 α 的检验,其中 α 称为显著性水平。若在检验中拒绝了原假设,则这个检验是显著的。

由于 α 过小会导致 β 过大,因此在一个检验中显著性水平 α 不宜定得过小,在实际中常选择 $\alpha = 0.05$,有时也用 $\alpha = 0.1$ 或 $\alpha = 0.01$。

综上所述,进行假设检验都需要经过以下4个步骤。

(1)建立原假设 H_0 和备择假设 H_1。

(2)选择合适的检验统计量。

(3)确定拒绝域 W 的形式。

(4)给出显著性水平 α,确定临界值,做出判断。

讲解完假设检验的基本步骤,我们再回到前面提到的一个问题:如何确定哪个是 H_0? 这个问题没有统一的答案,但一般的做法是,选择一个保守的选项作为 H_0。例如,在减肥药的例子中,零假设设定 $\mu_1 = \mu_2$,FDA默认减肥药没有效果,这是一个保守的选择。在假设检验的过程,要小心地拒绝零假设。为什么要小心地拒绝零假设呢？如果减肥药没有效果，但是错误判定为有效果，那么可能给FDA带来消费者的投诉甚至是法律诉讼。因此，FDA在拒绝零假设时，必须要控制好显著性水平。相反，如果减肥药有效果，但是接受了零假设，这可能仅是错过了一个潜在的好产品，但不会带来更严重的问题。

5.3.2 假设检验的 p 值

提出和使用假设检验的4个基本步骤是正确进行假设检验的方法，当熟悉了这个方法之后，有些步骤并不总是必要的——现实场景中，我们一般使用 p 值（p-value）直接给出假设检验问题的判断。那么 p 值具体指的是什么呢？我们将在这一小节详细介绍。

假设检验的结论通常是简单的，在给定显著性水平后，只能选择拒绝原假设或接受原假设。然而有时会出现这样的情况：在一个较大的显著性水平（如 $\alpha = 0.05$）下得到拒绝原假设的结论，而在一个较小的显著性水平（如 $\alpha = 0.01$）下却会接受原假设。这种情况在理论上很容易解释：显著性水平变小后会导致检验的拒绝域变小，于是原来落在拒绝域中的观测值可能就落入了接受域。这种情况在实际应用中会带来一些麻烦，假如这时一个人选择显著性水平 $\alpha = 0.05$，而另一个人选择 $\alpha = 0.01$，则两个人就会得到截然相反的结论。

我们用一个例子来更直观地说明这个问题。

假设BearPhone手机的续航时间服从正态分布 $N(\theta, 0.8^2)$，其中 θ 的值不低于20小时。根据案例中给出的50次抽样检测数据，判断该手机的续航时间是否满足出厂设计的要求。

对这个实际问题，建立一对假设：

$$H_0: \theta \geq 20 \ , \ H_1: \theta < 20$$

由于总体方差已知，且总体均值 $\bar{X} \sim N\left(\theta, \dfrac{0.8^2}{50}\right)$，则可构造如下检验统计量。

$$Z = \frac{\sqrt{50} \times (\bar{X} - \theta)}{0.8} \sim N(0, 1)$$

拒绝域形式为 $W = \left\{\dfrac{\sqrt{50}(\bar{X} - \theta)}{0.8} \leq \dfrac{\sqrt{50}(c - \theta)}{0.8}\right\}$，即对于给定的显著性水平 α，要求对于任意的 $\theta \geq 20$（H_0 成立），第一类错误的概率 $P\left[\dfrac{\sqrt{50}(\bar{X} - \theta)}{0.8} \leq \dfrac{\sqrt{50}(c - \theta)}{0.8}\right] = \Phi\left[\dfrac{\sqrt{50}(c - \theta)}{0.8}\right] \leq \alpha$。由于不等号左侧是 θ 的减函数，因此只需要使 $\Phi\left[\dfrac{\sqrt{50}(c - \theta)}{0.8}\right] = \alpha$ 成立即可。求解以上方程可得：$c = \theta + \dfrac{0.8}{\sqrt{50}}z_\alpha = 20 + \dfrac{0.8}{\sqrt{50}}z_\alpha$，其中 z_α 代表标准正态分布的 α 分位数。因此，检验的拒绝域 $W =$

$$\left\{Z \leqslant \frac{\sqrt{50}\left[\left(20+\frac{0.8}{\sqrt{50}}z_\alpha\right)-\theta\right]}{0.8}\right\}, 即 \left\{\bar{X} \leqslant 20+\frac{0.8}{\sqrt{50}}z_\alpha\right\}。由于样本观测值 \bar{x}=19.824,可以计算得检$$

验统计量 $z=\dfrac{\sqrt{50}\times(\bar{x}-\theta)}{0.8}=-1.56$,我们选择不同的显著性水平 α,比较该检验问题的结论,如表5-3所示。

表5-3 案例1中的显著性水平与拒绝域

显著性水平	拒绝域	对应的结论
$\alpha=0.1$	$z \leqslant -1.282$	拒绝 H_0
$\alpha=0.05$	$z \leqslant -1.645$	接受 H_0
$\alpha=0.025$	$z \leqslant -1.96$	接受 H_0
$\alpha=0.01$	$z \leqslant -2.326$	接受 H_0

现在换一个角度来看,当 $\theta=20$ 时,检验统计量 $Z\sim N(0,1)$,此时由样本观测值可以算得 $z=-1.56$,据此可以算得一个概率 $p=P(Z\leqslant -1.56)=\Phi(-1.56)=0.0599$,若以此为基准看待上述检验问题,同样可以做出如下判断。

(1)当 $\alpha<p=0.0599$ 时,$z_\alpha<-1.56$,由于拒绝域为 $W=\{Z\leqslant z_\alpha\}$,于是观测值 $z=-1.56$ 不在拒绝域里,应接受原假设。

(2)当 $\alpha \geqslant p=0.0599$ 时,$z_\alpha \geqslant -1.56$,由于拒绝域为 $W=\{Z\leqslant z_\alpha\}$,于是观测值 $z=-1.56$ 落在拒绝域里,应拒绝原假设。

由此可以看出,0.0599是用样本计算得到的检验统计量 $z=-1.56$ 做出"拒绝 H_0"的最小的显著性水平,这就是 p 值。

***p* 值定义**:在一个假设检验问题中,利用样本观测值能够做出拒绝原假设的最小显著性水平称为检验的 p 值。

将检验的 p 值与事先给定的显著性水平 α 进行比较可以得出假设检验的结论,具体如下。

(1)如果 $p \leqslant \alpha$,则在显著性水平 α 下拒绝 H_0。

(2)如果 $p>\alpha$,则在显著性水平 α 下接受 H_0。

后面章节的检验问题可以从两方面进行,一方面是建立拒绝域,观察样本观测值是否落入拒绝域而加以判断;另一方面是根据样本观测值计算检验的 p 值,通过将 p 值与事先设定的显著性水平 α 进行比较大小而做出判断。两个角度是等价的,选择较为方便的一种方法即可。

以上述案例为例,在R语言中计算单边检验 p 值的代码如下。

```
a <- 20
s <- 0.8
n <- 50
xbar <- mean(battery)
p_value <- pnorm(xbar, mean = a, sd = s/sqrt(n))
print(paste0("检验的p值为", round(p_value, 4)))
## [1] "检验的p值为0.0599"
```

5.3.3 假设检验问题的基本类型

常见的假设检验分为单样本检验和双样本检验两种情况,其中,每一种检验又可以分为单侧检验和双侧检验。这里以正态总体$N(\mu,\sigma^2)$的均值μ为例,分别介绍基本的4种检验问题。

1. 单样本检验与双样本检验

设$x_1,\cdots,x_n$是来自$N(\mu,\sigma^2)$的样本,考虑如下3种关于μ的检验问题。

$$H_0:\mu \leq \mu_0 \quad , \quad H_1:\mu > \mu_0$$

$$H_0:\mu \geq \mu_0 \quad , \quad H_1:\mu < \mu_0$$

$$H_0:\mu = \mu_0 \quad , \quad H_1:\mu \neq \mu_0$$

其中μ_0是已知常数。这种只对一组样本所属的总体参数进行检验的问题为单样本检验问题。在前文给出的例题中,案例1为单样本检验问题。

设$x_1,\cdots,x_n$是来自正态总体$N(\mu_1,\sigma_1^2)$的样本,$y_1,\cdots,y_n$是来自另一个正态总体$N(\mu_2,\sigma_2^2)$的样本,两个样本相互独立,考虑如下3类检验问题。

$$H_0:\mu_1 - \mu_2 \leq 0 \quad , \quad H_1:\mu_1 - \mu_2 > 0$$

$$H_0:\mu_1 - \mu_2 \geq 0 \quad , \quad H_1:\mu_1 - \mu_2 < 0$$

$$H_0:\mu_1 - \mu_2 = 0 \quad , \quad H_1:\mu_1 - \mu_2 \neq 0$$

这种对两组来自不同总体的样本所属的总体参数进行检验的问题统称为双样本检验问题,如上一节的案例2。

2. 单边检验与双边检验

顾名思义,单边检验为具有方向性的检验,即判断总体参数是否大于或小于某个已知的值,如案例1中的检验问题;双边检验不具有方向性,结论只能得出总体参数是否等于某个值,或两个总体的参数是否有显著差异,但是无法判断孰高孰低,如案例2中判断受试者在使用减肥药后体重是否发生显著变化。

5.3.4 正态总体的假设检验

在介绍假设检验的基本问题类型之后,本节对正态总体参数μ的各种检验分别进行讨论。

1. 单个正态总体均值的检验

设$x_1,\cdots,x_n$是来自$N(\mu,\sigma^2)$的样本,考虑如下3种关于μ的检验问题。

$$H_0:\mu \leq \mu_0 \ , \ H_1:\mu > \mu_0$$

$$H_0:\mu \geq \mu_0 \ , \ H_1:\mu < \mu_0$$

$$H_0:\mu = \mu_0 \ , \ H_1:\mu \neq \mu_0$$

其中μ_0是已知常数,由于正态总体含有两个参数,总体方差σ^2已知与否对检验有影响,因此我们分σ已知和σ未知两种情况进行叙述。

情况1:σ已知时的z检验。

(1)单边假设检验。对于第一个单边检验问题,由于μ的点估计是$\bar{x}$,且$\bar{x} \sim N(\mu,\frac{\sigma^2}{n})$,故选择$z$检验统计量,具体如下。

$$z = \frac{\bar{x} - \mu_0}{\frac{\sigma}{\sqrt{n}}}$$

根据假设的符号设定,可以初步判断当样本均值$\bar{x}$不超过设定均值μ_0时,应当倾向于接受原假设;当样本均值$\bar{x}$超过设定均值μ_0时,应当倾向于拒绝原假设。然而,观测是具有随机性的,在这种情况下,当$\bar{x}$比μ_0大到一定程度时,才有足够的信心拒绝原假设,因此,存在一个临界值c,拒绝域如下。

$$W_1 = \left\{(x_1,\cdots,x_n):z \geq c\right\}$$

常简记为$\{z \geq c\}$,若要求检验的显著性水平为α,则c需要满足如下公式。

$$P_{\mu_0}(z \geq c) = \alpha$$

其中$P_{\mu_0}(\cdot)$表示在$\mu = \mu_0$的情况下的概率值。由于在$\mu = \mu_0$时,$z \sim N(0,1)$,因此$c = z_{1-\alpha}$(如图5-3所示),得到拒绝域为图5-3(a)中的阴影部分,公式如下。

$$W_1 = \{z \geq z_{1-\alpha}\}$$

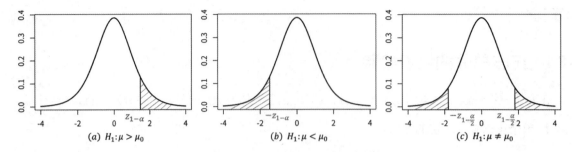

图 5-3　3 种检验问题的拒绝域

图 5-3 展示了 3 种不同检验问题中,在显著性水平为 α 的情况下对应的拒绝域(阴影部分),其中横轴表示统计量 z 的取值,曲线为标准正态分布统计量 z 的密度曲线。

使用 p 值也可以进行等价的检验,此时可以计算 p 值为 $p_1 = 1 - \Phi(z)$,其中 $\Phi(\cdot)$ 为标准正态分布的分布累积函数。

对检验问题 $H_0: \mu \geqslant \mu_0, H_1: \mu < \mu_0$ 的单边检验问题的讨论类似,其拒绝域(见图 5-3(b))公式如下。

$$W_2 = \{z \leqslant z_{1-\alpha}\}$$

检验的 p 值为 $p_2 = \Phi(z)$,其中 z 的含义同上。

(2)双边假设检验。对于 $H_0: \mu = \mu_0, H_1: \mu \neq \mu_0$ 的双边检验问题,检验的 p 值稍有不同。考虑到备择假设 H_1 分散在两侧,故其拒绝域应当在两侧,即拒绝域公式如下。

$$W_3 = \{|z| \geqslant c\}$$

对于给定的显著性水平 $\alpha(0 < \alpha < 1)$,由 $P_{\mu_0}(|z| \geqslant c) = \alpha$ 可以得出 $c = z_{1-\frac{\alpha}{2}}$(见图 5-3(c)),得到的拒绝域如下。

$$W_3 = \left\{|z| \geqslant z_{1-\frac{\alpha}{2}}\right\}$$

对于检验统计量分布是对称的情况,双边检验的 p 值的计算与单边检验是相似的,此时 p 值的计算方式如下。

$$p_3 = 2[1 - \Phi(|z|)]$$

(3)实例分析。以案例 1 中提到的手机数据为例,对其续航时间进行双边假设检验。仍然使用案例 1 中给出的 50 部手机续航时间观测值,并且已知续航时间是一个服从正态分布 $N(\mu, 0.8^2)$ 的随机变量。猜测该型号的手机续航时间为 20 小时,是否可以接受这个猜测呢?

首先,这是一个双边假设检验问题,总体 $X \sim N(\mu, 0.8^2)$,待检验的原假设 H_0 和备择假设 H_1 为 $H_0: \mu = 20, H_1: \mu \neq 20$,检验的拒绝域为 $\left\{|z| \geqslant z_{1-\frac{\alpha}{2}}\right\}$。取显著性水平 $\alpha = 0.05$,则对应的分位数为 $z_{0.975} =$

1.96。根据该例中的观测值可以计算得出

$$\bar{x} = 19.824, |z| = \frac{\sqrt{50}\,|19.824 - 20|}{0.8} = 1.56$$

z统计量的值未落入拒绝域$\{|z| \geq 1.96\}$内,因此不能拒绝原假设。

我们也可以采用p值完成此次检验,可以计算得p值如下。

$$p = 2[1 - \varPhi(1.56)] = 0.1188$$

由于p值大于给定的水平0.05,因此不能拒绝原假设,结论是相同的。

我们从p值还可以看到,只要事先给定的显著性水平不高于0.1188,则不能拒绝原假设;而如果事先给定的显著性水平高于0.1188,则拒绝原假设。

在R语言中使用z.test()函数进行检验的代码如下。

```
# 单样本均值的双边检验
z.test(battery, mu = 20, sigma.x = 0.8, alternative = "two.sided", conf.level = 0.95)
##
##  One-sample z-Test
##
## data:  battery
## z = -1.5556, p-value = 0.1198
## alternative hypothesis: true mean is not equal to 20
## 95 percent confidence interval:
##  19.60226 20.04574
## sample estimates:
## mean of x
##    19.824
```

情况2:σ未知时的t检验。

(1)理论分析。对于检验问题$H_0: \mu \leq \mu_0$,$H_1: \mu > \mu_0$,当σ未知时,z统计量会因为含有未知参数σ而无法计算,此时需要选择其他的检验统计量。将z统计量表达式中未知的σ替换成样本标准差s,这就形成如下t检验统计量。

$$t = \frac{\sqrt{n}\,(\bar{x} - \mu_0)}{s}$$

当$\mu = \mu_0$时,t服从自由度是$n-1$的t分布$t(n-1)$,从而检验问题的拒绝域如下。

$$W_1 = \{t \geq t_{1-\alpha}(n-1)\}$$

p值的计算类似,对给定的观测样本值,可以计算出相应的检验统计量t的值,记为$t = \frac{\sqrt{n}\,(\bar{x} - \mu_0)}{s}$,其中$\bar{x}, s$是样本均值及标准差。此时$p$值计算公式如下。

$$p_1 = 1 - F(t)$$

其中 $F(\cdot)$ 表示自由度为 $n-1$ 的 t 分布的累积分布函数。对于另外两组检验问题的讨论和上一节类似，这里只列出结果。其中，检验问题 $H_0:\mu \geq \mu_0$，$H_1:\mu < \mu_0$ 的拒绝域及 p 值如下。

$$W_2 = \{t \leq t_{1-\alpha}(n-1)\}, p_2 = F(t)$$

检验问题 $H_0:\mu = \mu_0$，$H_1:\mu \neq \mu_0$ 的拒绝域及 p 值如下。

$$W_3 = \left\{|t| \geq t_{1-\frac{\alpha}{2}}(n-1)\right\}, p_3 = 2*[1 - F(|t|)]$$

(2) 实例分析。如果只知道案例 1 给出的手机续航时间服从正态分布，但不知道总体方差是多少，此时还是猜测该型号的手机续航时间为 20 小时，那么是否可以接受这个猜测呢？

此时原假设仍然是 $H_0:\mu = 20$，备择假设是 $H_1:\mu \neq 20$。由于 σ 未知，故采用 t 检验，其拒绝域为 $\left\{|t| \geq t_{1-\frac{\alpha}{2}}(n-1)\right\}$，若取 $\alpha = 0.05$，则 $t_{0.975}(49) = 2.010$。现由样本计算得到 $\bar{x} = 19.824, s = 1.41$，故

$$t = \sqrt{50} \times \frac{|19.824 - 20|}{1.41} \approx 0.883$$

由于 $0.883 < 2.010$，因此不能拒绝原假设，认为该型号的手机续航时间为 20 小时。

R 语言中使用 t.test() 函数进行检验的代码如下。

```
# 单样本均值的双边检验(方差未知)
t.test(battery, mu = 20, alternative = "two.sided", conf.level = 0.95)
## 
##  One Sample t-test
## 
## data:  battery
## t = -0.88266, df = 49, p-value = 0.3817
## alternative hypothesis: true mean is not equal to 20
## 95 percent confidence interval:
##  19.42329 20.22471
## sample estimates:
## mean of x 
##    19.824
```

2. 两个正态总体均值差的检验

(1) 理论分析。设 $x_1,\cdots,x_n$ 是来自正态总体 $N(\mu_1,\sigma_1^2)$ 的样本，$y_1,\cdots,y_n$ 是来自另一个正态总体 $N(\mu_2,\sigma_2^2)$ 的样本，两个样本相互独立，考虑如下 3 类检验问题。

I $H_0:\mu_1 - \mu_2 \leq 0$，$H_1:\mu_1 - \mu_2 > 0$

II $H_0:\mu_1 - \mu_2 \geq 0$，$H_1:\mu_1 - \mu_2 < 0$

III $H_0:\mu_1 - \mu_2 = 0$, $H_1:\mu_1 - \mu_2 \neq 0$

这种对两组来自不同总体的样本所属的总体参数进行检验的问题称为双样本检验问题。实际中一般假设两样本方差相同但未知,此时可首先构造检验统计量 $\bar{x} - \bar{y} \sim N\left[\mu_1 - \mu_2, \left(\frac{1}{m} + \frac{1}{n}\right)\sigma^2\right]$。由于方差相同且未知,因而可以将两样本合并用于估计方差,公式如下。

$$s_w^2 = \frac{1}{m+n-2}\left[\sum_{i=1}^{m}(x_i - \bar{x})^2 + \sum_{i=1}^{n}(y_i - \bar{y})^2\right]$$

由于

$$\frac{1}{\sigma^2}\sum_{i=1}^{m}(x_i - \bar{x})^2 - x^2(m-1), \frac{1}{\sigma^2}\sum_{i=1}^{n}(y_i - \bar{y})^2 \sim x^2(n-1)$$

可得 $\frac{1}{\sigma^2}\left[\sum(x_i - \bar{x})^2 + \sum(y_i - \bar{y})^2\right] \sim x^2(m+n-2)$,此时可以推导得出如下公式。

$$t = \frac{(\bar{x} - \bar{y}) - (\mu_1 - \mu_2)}{s_w\sqrt{\frac{1}{m} + \frac{1}{n}}} \sim t(m+n-2)$$

这就给出了 t 检验统计量的如下表达式。

$$t = \frac{\bar{x} - \bar{y}}{s_w\sqrt{\frac{1}{m} + \frac{1}{n}}}$$

对检验问题I,检验的拒绝域和 p 值分别如下。

$$W_I = \{t \geq t_{1-\alpha}(m+n-2)\}, \quad p_I = 1 - F(t)$$

原假设成立时,t 是服从自由度为 $n+m-2$ 的 t 分布的统计量。对检验问题II,检验的拒绝域和 p 值分别如下。

$$W_{II} = \{t \leq t_{1-\alpha}(m+n-2)\}, \quad p_{II} = F(t)$$

对检验问题III,检验的拒绝域和 p 值分别如下。

$$W_{III} = \left\{|t| \geq t_{1-\frac{\alpha}{2}}(m+n-2)\right\}, \quad p_{III} = 2[1 - F(|t|)]$$

当我们不能确定两样本的未知方差是否相等时,常使用如下的近似检验。若 $\bar{x} \sim N\left(\mu_1, \frac{\sigma_1^2}{n}\right), \bar{y} \sim N\left(\mu_2, \frac{\sigma_2^2}{m}\right)$,且两者独立,则

$$\bar{x} - \bar{y} \sim N\left(\mu_1 - \mu_2, \frac{\sigma_1^2}{n} + \frac{\sigma_2^2}{m}\right)$$

构造 t 化统计量

$$t^\star = \frac{\bar{x} - \bar{y}}{\sqrt{\dfrac{s_x^2}{n} + \dfrac{s_y^2}{m}}}$$

$t^\star$ 不服从 t 分布，但是其形式非常像 t 统计量。$t^\star$ 近似服从自由度为 l 的 t 分布，其中

$$l = \frac{\left(\dfrac{s_x^2}{n} + \dfrac{s_y^2}{m}\right)^2}{\left[\dfrac{s_x^4}{n^2(n-1)} + \dfrac{s_y^4}{m^2(m-1)}\right]}$$

(2) 实例分析。以《红楼梦》作者在虚词使用习惯上是否存在差异为例，将 41~80 回及 81~120 回看作两个总体①，探索虚词在使用频率上是否有显著差异。在显著性水平 $\alpha = 0.05$ 下，尝试判断 41~80 回中"亦"使用的频数均值是否比 81~120 回中的频数均值高？

解： 用 X 表示 41~80 回的词频，Y 表示 81~120 回的词频，则假定 $X \sim N(\mu_1, \sigma^2), Y \sim N(\mu_2, \sigma^2)$，要检验的假设是 $H_0: \mu_1 = \mu_2, H_1: \mu_1 > \mu_2$，由于二者方差未知但相等，故采用双样本 t 检验，经计算 $\bar{x} = 3.90, \bar{y} = 0.75$，

$$\sum_{i=1}^{12}(x_i - \bar{x})^2 = 770.8718, \quad \sum_{i=1}^{12}(y_i - \bar{y})^2 = 44.6154$$

从而

$$s_w = \sqrt{\frac{1}{40 + 40 - 2}(0.1109 + 0.0771)} = 3.2334$$

$$t = \frac{3.90 - 0.75}{3.2334 \times \sqrt{\dfrac{1}{40} + \dfrac{1}{40}}} \approx 4.4$$

通过 R 语言计算可知 $t_{0.95}(78) \approx 1.6646$，由于 $t > t_{0.95}(78)$，因此拒绝原假设，认为 41~80 回"亦"使用的平均数量显著高于 81~120 回，后期语言向白话文靠拢。

下面用 p 值再做一次检验，因为 t 是服从自由度为 78 的 t 分布的统计量，则 $p = P(t \geq 4.4)$，使用 R 语言计算得到 p 值约为 1.6×10^{-5}，由于 p 值小于事先给定的显著性水平 0.05，因此拒绝原假设，结论是相同的。

在 R 语言中进行该问题的双样本 t 检验，代码如下。

```
wenyan <- read.csv("红楼梦虚词词频统计.csv", stringsAsFactors = F)
freqx  <- wenyan$`亦`[41:80]
freqy  <- wenyan$`亦`[81:120]
t.test(freqx, freqy, alternative = "greater", var.equal = T, conf.level = 0.95)
##
```

---

① 实际数据中，很难验证总体是否服从正态分布，但一般两总体检验的方法依然可用，这是因为在样本较大的前提下可以从理论上验证假设检验的结论基本成立。

```
##  Two Sample t-test
## 
## data:  freqx and freqy
## t = 4.4123, df = 78, p-value = 1.621e-05
## alternative hypothesis: true difference in means is greater than 0
## 95 percent confidence interval:
##  1.961594      Inf
## sample estimates:
## mean of x mean of y
##      3.90      0.75
```

该检验为单边检验,因此函数的输出结果中,给出的两样本均值差 $\bar{x}-\bar{y}$ 的 0.95 置信区间为 $[1.96,\infty)$。

3. 成对数据检验

在对两个总体均值进行比较时,有时数据是成对出现的,那么此时若采用双样本 t 检验,得出的结论有可能是不合理的。下面以减肥药的受试者体重试验为例进行说明。

在减肥药案例数据中,假定受试者的体重数据服从正态分布,试问:试验前后的受试者体重在显著性水平 $\alpha=0.05$ 上有无差异?

解:假定 $x \sim N(\mu_1, \sigma_1^2)$,$y \sim N(\mu_2, \sigma_2^2)$,且 x 和 y 相互独立,这里假定两个总体的方差相等是合理的(因为保证了培养皿试验前后的其他条件不变)。我们先用双样本 t 检验讨论此问题。为此,记该试验前后样本均值分别为 $\bar{x}$ 和 $\bar{y}$,样本方差分别为 s_x^2 和 s_y^2,如今要判断的检验问题如下。

$$H_0: \mu_1 = \mu_2, H_1: \mu_1 \neq \mu_2$$

假定 $\sigma_1^2 = \sigma_2^2 = \sigma^2$,采用双样本 t 检验,检验统计量 t_1 与拒绝域 W_1 分别是

$$t_1 = \frac{\bar{x} - \bar{y}}{\frac{s_w}{\sqrt{\frac{n}{2}}}}$$

$$W_1 \left\{ |t_1| > t_{1-\frac{\alpha}{2}}(2n-2) \right\}$$

其中 $s_w^2 = \frac{(s_x^2 + s_y^2)}{2}$,$\alpha$ 是给定的显著性水平,由给定的数据可得

$$\bar{x}=55.7, \quad \bar{y}=53.1, \quad s_x^2=14.23, \quad s_y^2=33.21, \quad s_w^2=23.722$$

从而可算得两样本的 t 检验统计量的值为

$$t_1 = \frac{55.7 - 53.1}{\frac{4.8705}{\sqrt{\frac{10}{2}}}} \approx 1.1937$$

若给定 $\alpha = 0.05$，查表得 $t_{0.0975}(18) = 2.1009$，由于 $|t_1| < 2.1009$，故不应拒绝原假设，即认为试验前后的受试者体重没有显著差别，此处检验的 p 值为 0.2467。

下面我们换一个角度来讨论此问题。在这个问题中出现了成对数据，同一条件下的一个受试者在试验前后有两次体重测量值，其差 $d_i = x_i - y_i \sim N(\mu, \sigma_d^2)$，其中 $\mu = \mu_1 - \mu_2$, $\sigma_d^2 = \sigma_1^2 + \sigma_2^2$，原来要比较 μ_1 和 μ_2 的大小，此时则转化为考察 μ 是否为零，即考察如下的检验问题。

$$H_0: \mu = 0, H_1: \mu \neq 0$$

即把双样本的检验问题转化为单样本 t 检验问题，这时检验的 t 统计量如下。

$$t_2 = \frac{\bar{d}}{\left(\frac{s_d}{\sqrt{n}}\right)}$$

其中

$$\bar{d} = \frac{1}{n}\sum_{i=1}^{n}d_i, \quad s_d = \left[\frac{1}{n-1}\sum_{i=1}^{n}(d_i - \bar{d})^2\right]^{\frac{1}{2}}$$

在给定的显著性水平 α 下，该检验问题的拒绝域是

$$W_2 = \left\{|t_2| \geq t_{1-\frac{\alpha}{2}}(n-1)\right\}$$

这就是成对数据的 t 检验。

在本例中，可以算得

$$n = 10, \quad \bar{d} = 2.6, \quad s_d = 3.5024$$

于是

$$t_2 = \frac{2.6}{\frac{3.5024}{\sqrt{10}}} \approx \frac{2.6}{1.1076} \approx 2.3474$$

对于给定的显著性水平 $\alpha = 0.05$，可以查表得到 $t_{0.975}(9) = 2.2622$。由于 $|t_2| > 2.2622$，故应拒绝原假设 $H_0: \mu = 0$，即可认为试验前后的受试者体重有显著差异。此处检验的 p 值为 0.0435。进一步，平均含量差值的估计量为 $\hat{\mu} = \bar{x} - \bar{y} = 2.6$，可见服用药物后的体重要低于服用药物前的体重。

在 R 语言中进行成对样本 t 检验的代码如下。

```
x <- c(50,59,55,60,58,54,56,53,61,51)
y <- c(43,55,49,62,59,49,57,54,55,48)
```

```
# 成对数据t检验
t.test(x, y, alternative = "two.sided", paired = T, var.equal = F, conf.level = 0.95)
##
##  Paired t-test
##
## data:  x and y
## t = 2.3475, df = 9, p-value = 0.04348
## alternative hypothesis: true difference in means is not equal to 0
## 95 percent confidence interval:
##  0.09454818 5.10545182
## sample estimates:
## mean of the differences
##                     2.6
```

本问题中,成对数据t检验方法更加合理。这是因为成对数据的差d_i消除了受试者之间的差别(如体质的差异),用于检验的标准差s_d = 3.5024已经排除了体质差异的影响,只保留服用药物前后体重的差异。而双样本t检验中用于检验的标准差s_w = 4.8705还包含了不同受试者体质的差异,从而使得标准差增大,导致因子不显著。所以在成对数据场合,使用成对数据t检验得到的结论更加可靠。

应注意,获取数据时,事先要做缜密的试验设计,在获得成对数据时不能发生"错位",确保"成对数据"信息的准确性。

5.4 单因素方差分析

方差分析是两个或两个以上组别样本均值差别的显著性检验,它关注的重点是对于组别差异的分析。例如,不同城区的房价是否存在差异?不同岗位的薪资是否会有区别?不同年份的电影评分是否不同?这就需要研究一个连续型变量在定性变量各个组别之间的差异。方差分析是进行这类分析的统计分析手段。

当方差分析只涉及一个分类变量时,就称为单因素方差分析。这里的因素(factor)指的是多水平(level)变量(分类变量,如电影数据集中的制片国家、上映年份等)。方差分析中的因素就是方差分析中要检验的对象,而水平则指的是一个因素中的不同组别。方差分析本质上是通过检验各组别的均值是否存在显著差异,来判断分类变量对因变量的影响程度。

在接下来要讲到的案例中,对于"是否为美国制片"这一因素我们关心的是美国制片与非美国制片的电影,它们的评分是否显著不同及哪一种电影的评分更高。接下来,结合实际案例,从单因素方差分析开始,详细介绍方差分析的原理及基本步骤。

5.4.1 单因素方差分析的基本思路

1. 提出假设

与参数检验类似,方差分析的第一步是要提出假设。方差分析是为了检验因素的 k 个水平对应的因变量均值 $\mu_i(i = 1, 2, \cdots, k)$ 是否相等。因此,需要提出如下假设。

原假设: $H_0: \mu_1 = \mu_2 = \cdots = \mu_k$,即该因素对因变量没有影响。

备择假设: $H_1: \mu_i(i = 1, 2, \cdots, k)$ 不全相等,即该因素对因变量有影响。

在本案例中,我们首先选取只有两个水平的因子型变量(制片国家是否为美国)为例进行方差分析,这里对应的两水平为美国制片与非美国制片,即 $k = 2$。原假设为 H_0: 美国制片的电影与非美国制片的电影评分相等;备择假设为 H_1: 美国制片的电影与非美国制片的电影评分不相等。接下来,将构造检验统计量来进行统计决策。

2. 构造检验统计量

在方差分析中构造的检验统计量是 F 统计量,主要通过计算多种组内及组间平方和求得。设自变量共有 k 个水平,第 i 个水平的第 j 个因变量观测值记为 y_{ij}。记 $\bar{y}_i$ 为该水平组内的因变量均值,n_i 为该水平内观测值的样本数。$\bar{\bar{y}}$ 是全部观测数据因变量的均值,n 为全部观测值的个数。以下介绍3种重要的平方和。

(1)总平方和(SST)。总平方和为全部观测值 y_{ij} 与总体平均值 $\bar{\bar{y}}$ 之间的误差平方和,反映了所有观测值与平均值之间的离散程度,计算公式如下。

$$\text{SST} = \sum_{i=1}^{k}\sum_{j=1}^{n_i}(y_{ij} - \bar{\bar{y}})^2$$

总平方和的自由度为 $n - 1$。

(2)组间平方和(SSA)。组间平方和是各组平均值 $\bar{y}_i$ 与总平均值 $\bar{\bar{y}}$ 之间的误差平方和,反映了组与组之间的差异程度,计算公式如下。

$$\text{SSA} = \sum_{i=1}^{k} n_i(\bar{y}_i - \bar{\bar{y}})^2$$

组间平方和的自由度为 $k - 1$,组间均方误差 $\text{MSA} = \dfrac{\text{SSA}}{k - 1}$。这里需要注意的是,如果组别之间的差异越大,那么组间平方和SSA和组间均方误差MSA的值也就越大。

(3)组内平方和(SSE)。组内平方和是每个水平或组的各样本数据 y_{ij} 与组内平均值 $\bar{y}_i$ 的误差平方和,反映了每个组别内观测值的离散程度,也称为误差平方和,计算公式如下。

$$\text{SSE} = \sum_{i=1}^{k}\sum_{j=1}^{n_i}(y_{ij} - \bar{y}_i)^2$$

组内平方和的自由度为 $n - k$,组内均方误差 $\text{MSE} = \dfrac{\text{SSE}}{n - k}$。与组间平方和不同的是,组内样本值的差异越大,那么组内平方和SSE及组内均方误差MSE也就越大。

3个平方和之间的关系为SST = SSA + SSE。

如果原假设成立,则表明各组别均值之间没有显著性差异,组间平方和SSA就不会太大;如果组间均方显著大于组内均方,说明各水平(总体)之间的差异不仅有随机误差,还有组间差异。SSA多大才算大呢?这里我们可以使用F检验统计量来显示。

$$F = \frac{\text{MSA}}{\text{MSE}}$$

可以证明,F统计量服从分布$F(k-1, n-k)$。F统计量可以看作某种标准化后的组间差异。

为了使计算过程和步骤更加清晰明确,可以将方差分析的结果以方差分析表的形式呈现,如表5-4所示。

表5-4 单因素方差分析

误差来源	平方和	自由度	均方误差	F值
组间(因素影响)	SSA	$k-1$	MSA	$F = \frac{\text{MSA}}{\text{MSE}}$
组内(误差)	SSE	$n-k$	MSE	
总和	SST	$n-1$		

在R语言中,aov()函数可计算出F统计量的值,对电影的评分水平进行计算,结果如下所示。

```
# 单因素方差分析 - 制片地区
aov_nation <- aov(score ~ is_US, data = dat)
summary(aov_nation)
##              Df  Sum Sq  Mean Sq  F value  Pr(>F)
## is_US         1      12   11.992    1.349   0.247
## Residuals   233    2072    8.891
```

结果中的Df为自由度;Sum Sq下的结果分别对应SSA和SSE;Mean Sq下为MSA和MSE;F统计量的值为1.349,p值为0.247。在0.05的显著性水平下,可以认为是否为美国制片对于电影的评分没有显著影响。根据以上方差分析结果,下面介绍如何做出统计决策。

3. 做出统计决策

根据所给定的显著性水平$\alpha = 0.05$,可以做出统计决策。在上面的结果里,p值大于0.05。因此我们不能拒绝原假设,即可以认为在95%的置信水平下,电影是否为美国制片对于电影的评分没有显著影响。接下来,将进一步利用方差分析,分析其他因素对电影评分的影响程度。

5.4.2 实例分析

多水平的单因素方差分析(如上映年份)与双水平的单因素方差分析步骤完全一致,通过同样的方式构造F统计量进行检验。我们在R语言中使用aov()函数来对是否为美国制片、电影类别、上映年份3个解释变量依次进行单因素方差分析，结果如表5-5所示。

表5-5　方差分析结果

变量名称	自由度	F值	p值	显著性
是否为美国制片	1	1.349	0.247	
电影类别	5	0.513	0.766	
上映年份	2	4.453	0.013	***

根据表5-5的结果，我们发现电影类别的p值大于0.05，而上映年份的p值小于0.05，可以得出结论：在95%置信水平下，不同的电影类别对电影评分的影响没有显著性差异，而不同的上映年份对电影评分的影响具有显著性差异。

然而，仅仅通过方差分析的F统计量，是无法判断各个水平因变量均值的相对大小的。可以调用R语言里的TukeyHSD()函数实现各个水平之间的比较。该函数可以计算各个组别之间的差异，并找到均值最大和最小的组别，对结果进行可视化。以下代码以公司类别为例，分析各个组别的均值差异。

```
# 均值比较
TukeyHSD(aov_year)
##   Tukey multiple comparisons of means
##     95% family-wise confidence level
##
## Fit: aov(formula = score ~ year_break, data = dat)
##
## $year_break
##                            diff       lwr        upr       p adj
## 2000年以前-2000—2010年      0.2433306 -0.8136393  1.30030059 0.8501265
## 2010年及以后-2000—2010年   -1.1480088 -2.3186011  0.02258357 0.0559255
## 2010年及以后-2000年以前    -1.3913394 -2.5311865 -0.25149228 0.0120827
```

由于上映年份共有3个水平，故两两的差值共有3对。输出的结果中，diff代表两个组别差异的均值，以第一行为例，2000年以前的电影比2000-2010年上映的电影评分平均高约0.24分，但它对应的p值大于0.05，因此该差异并不显著；lwr和upr分别代表了该差异的95%置信下限和置信上限，使用绘图函数plot()可以将该结果可视化，代码如下，绘制结果如图5-4所示。

```
# 设置字体大小和方向
par(family = "STXihei",las = 1, mai = c(1.02,3,0.82,0.42))
# 将方差分析结果可视化
plot(TukeyHSD(aov_year))
```

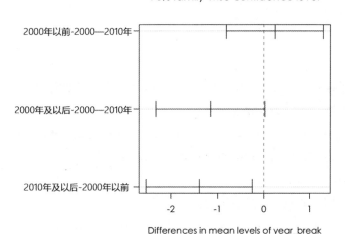

图 5-4　各组别均值差异 95% 区间

在图 5-4 中,中间的竖线代表了两个不同水平,为因变量电影评分差值的均值。以均值为中点,左右两根竖线内的范围代表了该差值的 95% 置信区间。图中有一条垂直的虚线代表 0。可以看到,若该 95% 的置信区间包含了 0,则这两水平的差值是不显著的(如 2000 年以前的电影与 2000–2010 年的电影);反之若不包含 0,则该差异显著(如 2010 年及以后的电影与 2000 年以前的电影)。

5.5　本章小结

本章主要介绍了统计学中的 3 个重要问题:参数估计、假设检验与方差分析。参数估计是通过收集到的样本信息,估计总体的某些参数。本章主要介绍了 3 种重要的参数估计方式:矩估计、最大似然估计与区间估计。其中,矩估计与最大似然估计是重要的点估计方式,区间估计则可以帮助我们获得参数估计的置信区间。之后,本章介绍了假设检验的概念和用法,假设检验的基本步骤分为提出假设、选择检验统计量、确定拒绝域的形式和给出显著性水平。假设检验按照需要比对的样本数目可以分为单样本检验和双样本检验;按照问题类型可以分为单边检验和双边检验。最后,本章介绍了单因素方差分析,用于对两个或两个组别以上样本均值差别进行显著性检验,它关注的重点是对组别差异的分析。

5.6 本章习题

1. 设 $x_1,\cdots,x_n$ 是来自均匀分布 $U(a,b)$ 的一组样本，请推导 a,b 的矩估计。

2. 假设某产品在制造时分为合格品与不合格品两类，我们用一个随机变量 X 来表示某个产品经检查后是否合格，$X=0$ 表示合格，$X=1$ 表示不合格，则 X 服从两点分布 $b(1,p)$，其中 p 是未知的不合格率。现抽取20个产品，看其是否合格，得到样本如下所示。

1 0 0 0 1 0 1 1 1 0 1 0 0 1 0 0 1 1 1 1

求 p 的最大似然估计，并在R语言中实现。

3. 假设灯泡的寿命服从正态分布。为了估计某种灯泡的平均寿命，现随机抽取15只灯泡测试，得到它们的寿命（单位：小时）数据如下。

998 1021 988 986 1018 997 996

973 925 985 981 1007 1011 968 1002

试求灯泡平均寿命的95%置信区间，并在R语言中实现。

第六章
线性回归

回归分析是统计分析中最重要的思想之一。大部分的统计分析问题,都可以被视为回归问题。回归分析建模的目标是因变量Y。这里的因变量,一般可以随着一些因素的改变而变化。在实际应用中,因变量刻画的是业务的核心诉求,是科学研究的关键问题。这里我们举几个常见的因变量的例子。

【例1】在求职市场上,求职者最关心的莫过于岗位薪资。若能有针对性地提高相应技能,升职加薪不再是梦。因此,这里的因变量Y是岗位薪资,它的取值是连续的。

【例2】截至2016年5月25日,北京住宅年内交易数据显示,北京市已经全面进入二手房时代。二手房定价是二手房交易过程中重要的环节之一。若能根据住房的特征,更准确地估计价格,业主将会获得更准确的市场定位。因此,这里的因变量Y是房价,它的取值也是连续的。

确定了统计建模目标后,还需要知道有哪些可能的因素会影响因变量。在回归分析中,把这些起到解释作用的变量称为自变量X(或解释性变量)。例如,在例1中,想要预测岗位薪资,则可能对薪资有影响的自变量包括岗位的地区、公司的类别与规模、应聘者的工作经验等;在例2中,想要预测单位面积房价,则可能有影响的自变量包括住房所在城区、卧室数量、房屋面积、楼层、是否为学区房等。

对于因变量与自变量之间的回归关系,我们特别关注以下问题。

(1)哪些自变量对Y具有显著的解释能力?如何选出这些自变量?

(2)这些有用的自变量与Y的相关关系是正是负?

(3)每个自变量在回归关系中的权重大小是多少?

明确了这些问题,也就对回归分析有了深入的理解。按照因变量形式的不同,回归模型又被划分成不同的类型。针对连续型因变量,主要通过线性回归模型建模。

案例引入

背景介绍

随着互联网和大数据时代的到来,越来越多的数据科技公司如雨后春笋般涌现。传统行业面临着互联网时代下的创新转型,数据分析及相关领域有大量人才需求,各行各业与数据分析相关的招聘岗位越来越多。

在数据分析相关岗位的招聘中,合理定位岗位薪资,找出与岗位薪资挂钩的特殊技能尤其关键,在市场层面上,可以了解数据分析人才市场现状,合理配置市场资源;在公司层面上,可以为公司招聘提供借鉴,为数据分析人才薪资提供参考;对于应聘者而言,能够更科学地进行职业测评,实现准确的自我定位;对于高校来说,能够明确学生的培养方向,优化应用统计及数据分析方向的人才培养方案。

数据介绍

本章使用数据分析岗位招聘薪酬数据集,该数据源于各大招聘网站,共包含了6682条岗位招聘数据。数据集的每一列分别对应岗位薪资、是否要求掌握R语言、SPSS、Excel、Python、MATLAB、Java、SQL、SAS、Stata、EViews、Spark、Hadoop、公司类别、公司规模、学历要求、工作经验、地区。详细的数据说明如表6-1所示。

表6-1 数据分析岗位招聘薪酬数据集变量

变量类型	变量名称		详细说明	取值范围
因变量	薪资		单位:元/月	1500~5000元
自变量	软件要求	R语言	共2个水平	0(不要求),1(要求)
		SPSS	共2个水平	
		Excel	共2个水平	
		Python	共2个水平	
		MATLAB	共2个水平	
		Java	共2个水平	
		SQL	共2个水平	
		SAS	共2个水平	
		Stata	共2个水平	
		EViews	共2个水平	
		Spark	共2个水平	
		Hadoop	共2个水平	

续表

变量类型	变量名称	详细说明	取值范围
自变量	公司类别	共6个水平	合资、外资、民营公司等
	公司规模	共6个水平	少于50人、50~500人等
	学历要求	共7个水平	无、中专、高中、大专等
	工作经验	单位:年	0-10年
	地区	共2个水平	北上深、非北上深

描述分析

在回归分析中,我们关注的问题是哪些因素会影响薪资水平,我们发现,掌握R语言的岗位薪资显著高于不要求掌握R语言的岗位薪资。那么,是否还有其他因素(如学历水平、是否掌握其他编程语言等)与岗位薪资有关?它们与薪资水平的相关程度如何?这正是接下来回归分析将要探讨的问题。在正式进行回归分析之前,先对数据进行粗略的描述分析,简要观察各个自变量和因变量之间是否有一定的关系。

(1)因变量:岗位薪资。

如图6-1所示,该数据中的因变量薪资呈右偏分布,最高的月薪为19999.5元,对应的岗位是一个规模为1000~5000人的国企,这个岗位要求申请人有2年的工作经验。从整体情况来看,有75%的岗位月薪低于10000元。

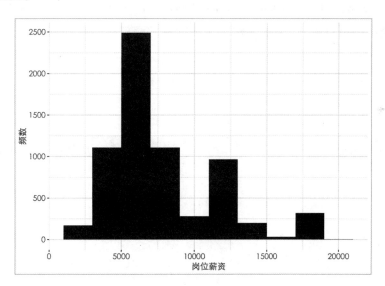

图6-1 岗位薪资频数直方图

(2)自变量:学历要求。

一般来说,学历要求也是影响薪资水平的一个关键因素,具体数据如图6-2所示。在5种学历要求中,研究生学历的薪资中位数最高,达到了8999.75元,对应的对数薪资为9.10;其次为本科学历的岗位,达到了8999.50元;薪资水平最低的为中专学历,月薪仅有5249.50元。研究生学历的岗位月薪比中专学历的岗位月薪高出了3750.25元,但是仅根据描述分析,我们仍然不能说明学历对薪资有统计意义上的显著影响。

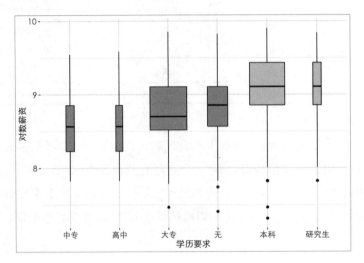

图6-2 对数薪资与学历要求箱线图

(3)自变量:软件要求。

除了R语言以外,掌握其他编程语言是否对薪资有影响呢?以Python和SPSS为例进行描述分析,如图6-3所示。从数目上看,要求掌握Python的岗位占比约为4.4%,要求掌握SPSS的岗位占比约为8.0%。从箱线图中可以看出,要求掌握这两种软件的薪资中位数均高于不要求掌握该软件的岗位。

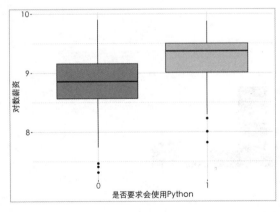 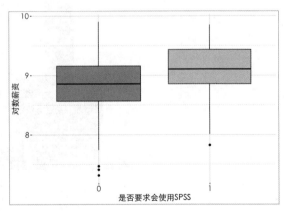

图6-3 对数薪资与软件要求箱线图

本章难点

(1)了解回归分析的基本思想,掌握线性回归模型的形式,对模型有清晰的理解。

（2）掌握回归模型参数的估计方法，能在实际案例中对参数进行合理的解读；掌握回归系数与回归方程的假设检验、回归模型的诊断方法。

（3）了解模型变量选择的基本思想；能够使用 R 语言实现线性回归模型的建立、诊断、解读与预测。

6.1 模型形式

如何研究因变量和自变量之间的关系？如果不做任何的模型假设，这是一个很难完成的任务。简言之，统计模型就是解读因变量和自变量相关关系的函数表达式。假设我们有 p 个自变量 $X_1, X_2, \cdots, X_p$，考虑模型 1 如下。

$$Y = f(X) = f(X_1, \cdots, X_p)$$

其中 $f(\cdot)$ 是一个提前设定的函数形式。但是，以上模型往往不能很好地解释数据，这是因为模型 1 刻画了一种确定的函数关系：给定自变量取值，因变量是唯一确定的。但事实上，这是一个非常不合理的性质。例如，对于岗位描述一致（具有相同的 X）的两个职位，它们的薪水也可能存在差异，这是因为数据中包含的自变量信息不足以完全刻画岗位薪资的水平。为刻画这种不确定性，可以引入一个噪音项 ε。一般认为噪音项与自变量互相独立，完全随机，但也能够对因变量产生影响。因此，可以将模型 1 稍加修正，得到如下的模型 2，使其包含噪音项 ε。

$$Y = f(X, \varepsilon)$$

引入噪音项之后，模型 2 对现实数据具有更好的刻画能力。

在所有的函数形式中，线性函数具有易于解释、稳定性高的特点。如果使用线性函数，模型 2 可以具体表达成一个自变量及噪音项线性组合的形式，这就是如下的线性回归模型。

$$Y = \beta_0 + \beta_1 X_1 + \beta_2 X_2 + \cdots + \beta_p X_p + \varepsilon$$

其中，$\beta_0, \beta_1, \cdots, \beta_p$ 是 $p+1$ 个未知参数，β_0 为常数项，$\beta_1, \cdots, \beta_p$ 称为回归系数。Y 为因变量，$X_1, X_2, \cdots, X_p$ 为 p 个可观测的预测性变量，称为自变量，ε 为随机误差项。可以看到，从模型形式上，自变量与随机误差项都会对 Y 产生影响。同时，线性回归模型具有很好的解释性，是在实际分析中得以广泛应用的统计模型之一。

6.2 模型理解

给定线性回归模型形式后,本节介绍如何解读线性回归模型。设 Y 表示岗位薪资,X_1 表示工作经验,X_2 表示掌握 R 语言技能(0~1 变量),线性回归模型如下。

$$Y = \beta_0 + \beta_1 X_1 + \beta_2 X_2 + \varepsilon$$

由于随机误差项 ε 是不被自变量 X 所包含的,因此它是一个无法控制的因素,也就没有精确预测的可能。一般而言,假设 $E(\varepsilon) = 0$ 且 ε 与自变量 X 互相独立,则以下等式成立。

$$E(Y) = \beta_0 + \beta_1 X_1 + \beta_2 X_2$$

对于一个回归模型,我们需要关注的是对未知参数 $\beta_0, \beta_1, \beta_2$ 的解读。

6.2.1 回归系数的理解

回归系数即 $\beta = (\beta_0, \beta_1, \beta_2)^\top$,具体分为常数项 β_0 和变量系数 β_1, β_2。

1. β_0 的解读

β_0 又称截距项,首先注意如下公式。

$$E(Y | X_1 = 0, X_2 = 0) = \beta_0$$

这说明 β_0 是所有自变量都为 0 时,因变量的期望值。在岗位招聘数据中,自变量都取 0 意味着工作经验要求为 0 年,且不需要掌握 R 语言的岗位平均薪资为 β_0,反映了不考虑自变量的情况下对因变量的平均预期。

2. β_1, β_2 的解读

接着,我们来讨论 β_1, β_2,由于它们的性质是一样的,这里主要介绍对 β_1 的理解。按照模型的形式,$E(Y) = \beta_0 + \beta_1 X_1 + \beta_2 X_2$,这是在给定自变量 X 的情况下,因变量 Y 的期望值。如果保持 X_2 不变,而对 X_1 增加一个单位,即 X_1 变成 $X_1 + 1$,则会产生一个新的因变量值,记为 Y^*,并且 $E(Y^*) = \beta_0 + \beta_1(X_1 + 1) + \beta_2 X_2$。因此,这个变化对因变量期望值的改变量是 $\Delta = E(Y^*) - E(Y) = \beta_1$。由此可见,$\beta_1$ 反映的是在其他解释变量不变的情况下,因变量期望值对 X_1 的敏感度。对于 β_2 的理解也类似。

若 $\beta_1 = 0$,则自变量 X_1 不再参与到因变量 Y 的生成机制中。此时,自变量 X_1 对 Y 的期望值没有任何影响,即工作经验这个因素对于我们关心的薪资完全不重要。若 $\beta_1 > 0$,那么在控制其他自变量不变的情况下,薪资与工作经验是正相关的;若 $\beta_1 < 0$,在控制其他自变量不变的情况下,薪资和工作经验是负相关的。

需要注意的是,我们在理解任何一个回归系数 β_i 时,一定要在控制其他自变量不变的前提下进行解读。如果仅仅说 X_i 取值增加一个单位,Y 的期望值就会增加 β_i 是不正确的,因为 X_i 变化时,其他自变量也可能在变化,此时,因变量 Y 的期望值变化量就不再是 β_i。

6.2.2 定性变量转换及回归系数理解

在实际数据中,变量信息往往是复杂的,自变量既包括定量变量,也包括定性变量。为学习定性变量在回归分析中的处理方式及解读,在上一小节讨论的基础上,再引入一个新的自变量:公司类别 X_3(多水平定性变量)。其中,工作经验对应回归系数在上一节中已经详细解读,下面重点讨论定性变量 X_2(是否掌握R语言)和 X_3(公司类别)的处理和解读。

(1)X_2 为二分类变量,对应的取值1表示掌握R语言,0表示不掌握R语言,此时线性回归模型系数可以进一步解释为,自变量取分类"1"时,因变量的值比自变量取分类"0"时高多少。例如,自变量"掌握R语言"对应的系数为 β_2,说明要求掌握R语言的岗位,薪资平均比不要求掌握R语言的岗位高出 β_2。

(2)X_3 为多水平定性变量,对于定性变量,在回归分析前需要进行预处理。一般可以将定性变量的各水平转换为一组哑变量。哑变量是一种特殊的变量,只有0和1两个取值。一个多水平的定性变量可以用一组哑变量来表示。例如,这里可以将公司类别(取值为6个水平)转换为5个哑变量,分别为是否为合资、是否为外资、是否为上市公司、是否为民营公司、是否为创业公司。如果上述5个哑变量取值全部为0,那么公司类型就是国企(记为基准组)。一般来说,若分类变量取值为 k 个互斥的水平,则可以将这个分类变量转换为 $k-1$ 个哑变量,分别对应其中 $k-1$ 个取值,未转换为哑变量的水平则定义为基准组。因此,转换之后的线性回归表达式如下。

$$y = \beta_0 + \beta_1 X_1 + \beta_2 X_2 + \beta_{31} X_{31} + \beta_{32} X_{32} + \cdots + \beta_{35} X_{35} + \varepsilon$$

其中,$X_{31}, \cdots, X_{35}$ 为 X_3 转换的哑变量。

在R语言中可以直接将分类变量设置为因子(factor)类型,这样在进行回归分析时程序将自动完成哑变量的转换,而不需要手动转换为哑变量,通过设置因子水平(level)可以自定义基准组。

```
# 将数据转换为因子型变量,地区以河北为基准,公司类别以国企为基准,公司规模以少于50人为基准,学历以无为基准
jobinfo$公司类别 <- factor(jobinfo$公司类别, levels = c("国企","合资","外资","上市公司","民营公司","创业公司"))
jobinfo$公司规模 <- factor(jobinfo$公司规模, levels = c("少于50人","50~500人","500~1000人","1000~5000人","5000~10000人","10000人以上"))
jobinfo$学历要求 <- factor(jobinfo$学历要求, levels = c("无","中专","高中","大专","本科","研究生"))
```

线性回归模型为自变量 X_3 每一个取值分别拟合一个系数。自变量公司类别共有6个取值,分别为国企、民营公司、上市公司、合资、外资和创业公司。如果取基准组为"国企",则其他5个哑变量的回归系数表示取该分类水平时,因变量的值平均比基准组(国企)高多少,如"民营公司"对应的系数为 β_{31},说明民营公司的平均薪资比国企的平均薪资高 β_{31}。

6.2.3 交互项的解读

当自变量 X_i 变化时，其他自变量也可能在变化。例如，一般要求掌握 R 语言的公司，可能同时也要求有一定的工作经验，此时如果只在控制工作经验不变的情况下解读掌握 R 语言对薪资的影响，得出的结论可能不够合理。因此引入交互项这一概念，用来描述两个变量的交互关系。引入交互项的线性回归模型如下。

$$Y = \beta_0 + \beta_1 X_1 + \beta_2 X_2 + \beta_3 X_1 X_2 + \varepsilon$$

上式中的 $X_1 X_2$ 项称为变量"工作经验"与"是否掌握 R 语言"的交互项。此时有

$$Y = \beta_0 + (\beta_1 + \beta_3 X_2) X_1 + \beta_2 X_2 + \varepsilon$$
$$= \beta_0 + \tilde{\beta}_1 X_1 + \beta_2 X_2 + \varepsilon$$

由以上模型表达式可以看出，对于不要求掌握 R 语言的岗位（$X_2 = 0$），工作经验每增加一年，薪资平均增加 β_1；对于要求掌握 R 语言的岗位（$X_2 = 1$），工作经验每增加一年，薪资平均增加 $\beta_1 + \beta_2$。这说明是否掌握 R 语言，改变了因变量薪资对自变量工作经验的敏感度。

特别要注意的是，在实际的数据分析中，如果加入过多交互项，会导致模型复杂，稳定性差。因此，交互项不宜过多，是否加入交互项需要结合数据的描述分析与案例背景进行讨论。

6.2.4 σ^2 的理解

最后来讨论 $Var(\varepsilon) = \sigma^2$ 的含义。根据模型形式和概率论知识，可以得到 $\sigma_Y^2 = Var(\beta_1 X_1 + \beta_2 X_2) + \sigma^2$，这说明因变量 Y 的波动程度由自变量和随机误差项的波动程度共同组成，且 $\sigma_Y^2 \geq \sigma^2$。因此，可以通过比较 σ_Y^2 和 σ^2 的相对大小来判断随机误差项在该模型中的作用。当 $\frac{\sigma^2}{\sigma_Y^2} \approx 1$ 时，所有的自变量几乎对因变量的波动性毫无解释作用，此时的模型是一个不够理想的情况；相反，当 $\frac{\sigma^2}{\sigma_Y^2} \approx 0$ 时，随机误差项对因变量的影响非常小，自变量可以非常充分地解释因变量的波动，此时模型是比较理想的。

6.3 基本假定

对于一个实际问题，如案例引入部分介绍的预测岗位薪资的问题，可以收集到 n 个样本观测数据。将这 n 个岗位的信息记为 $(x_{i1}, x_{i2}, \cdots, x_{ip}; y_i)$，$i = 1, 2, \cdots, n$，则线性回归模型表示如下。

$$\begin{cases} y_1 = \beta_0 + \beta_1 x_{11} + \beta_2 x_{12} + \cdots + \beta_p x_{1p} + \varepsilon_1 \\ y_2 = \beta_0 + \beta_1 x_{21} + \beta_2 x_{22} + \cdots + \beta_p x_{2p} + \varepsilon_2 \\ \quad \cdots \\ y_n = \beta_0 + \beta_1 x_{n1} + \beta_2 x_{n2} + \cdots + \beta_p x_{np} + \varepsilon_n \end{cases}$$

这个模型写成矩阵的形式为

$$\boldsymbol{y} = \boldsymbol{X}\boldsymbol{\beta} + \boldsymbol{\varepsilon}$$

其中

$$\boldsymbol{y} = \begin{bmatrix} y_1 \\ y_2 \\ \vdots \\ y_n \end{bmatrix} \quad \boldsymbol{X} = \begin{bmatrix} 1 & x_{11} & x_{12} & \cdots & x_{1p} \\ 1 & x_{21} & x_{22} & \cdots & x_{2p} \\ \vdots & \vdots & \vdots & & \vdots \\ 1 & x_{n1} & x_{n2} & \cdots & x_{np} \end{bmatrix}$$

$$\boldsymbol{\beta} = \begin{bmatrix} \beta_0 \\ \beta_1 \\ \vdots \\ \beta_p \end{bmatrix} \quad \boldsymbol{\varepsilon} = \begin{bmatrix} \varepsilon_1 \\ \varepsilon_2 \\ \vdots \\ \varepsilon_n \end{bmatrix}$$

矩阵 $\boldsymbol{X}$ 是 $n \times (p+1)$ 维的矩阵,也称为资料矩阵或设计矩阵。

为了进行模型的参数估计,在线性回归中有如下基本假设。

(1) 自变量矩阵满秩。

解读:当 $\boldsymbol{X}$ 矩阵不满秩时,存在 $\boldsymbol{X}$ 的某一列可以被其他列以线性组合的形式表示。也就是说,这一列变量的信息可以被其他变量完全"替代",因此,可以对这样的列进行剔除,使 $\boldsymbol{X}$ 满足满秩的条件。一般认为 $\boldsymbol{X}$ 矩阵是非随机的。

(2) 随机误差项 ε_i 独立同分布。它们的均值是 0,方差相同,即

$$E(\varepsilon_i) = 0, \, Var(\varepsilon_i) = \sigma^2$$

解读:当 $E(\varepsilon_i) \neq 0$ 时,可以令 $\varepsilon_i = \varepsilon_i - E(\varepsilon_i)$,同时变化截距项 $\beta_0 = \beta_0 + E(\varepsilon_i)$。经过变化后仍可以满足扰动项期望为 0 的假设。同时,为了便于技术处理,我们假设噪音项独立,且方差一致,如果不满足这个假定,则可以通过修正模型形式(如通过时间序列建模)进行改善。

(3) 随机误差项满足正态分布假设:$\varepsilon_i \sim N(0, \sigma^2)$。

解读:实际数据很难满足完全正态性的假设,一般这个假设可以放宽,如要求扰动项服从对称形式的分布。如果观察到因变量呈右偏分布,常用的操作是对因变量取对数,使得其在取对数后近似呈对称分布。

由上述假定和多元正态分布的性质可知,随机向量 $\boldsymbol{y}$ 服从 n 维正态分布,回归模型满足

$$E(\boldsymbol{y}) = \boldsymbol{X}\boldsymbol{\beta}$$

$$Var(\boldsymbol{y}) = \sigma^2 I_n$$

因此

$$\boldsymbol{y} \sim N(\boldsymbol{X}\boldsymbol{\beta}, \sigma^2 I_n)$$

6.4 回归参数的估计

既然回归分析是围绕各个自变量的系数展开的,那么如何确定这些未知参数的值呢?一般来说,我们可以通过观测到的有限数据,对未知参数给出合理的估计。这里我们介绍最常用的两种方法:普通最小二乘估计和最大似然估计。

6.4.1 普通最小二乘估计

对于回归模型 $y = X\beta + \varepsilon$,希望找到一个回归系数 β,使得 $X\beta$ 与 y 的某种距离足够小,这就是最小二乘估计的想法。对于任意一个样本 i,定义估计的因变量为 $\hat{y} = X\beta$,则可以计算因变量与自变量之间欧氏距离的平方如下。

$$(y_i - \hat{y})^2 = (y_i - \beta_0 - \beta_1 x_1 - \cdots - \beta_p x_p)^2$$

其中 $y_i - \hat{y}$ 称为残差。如果把所有样本的残差平方相加,则可以得到残差平方和

$$\mathrm{RSS}(\beta) = \sum_{i=1}^{n} (y_i - \beta_0 - \beta_1 x_1 - \cdots - \beta_p x_p)^2$$

最小二乘法即寻找 $\beta_0, \beta_1, \cdots, \beta_p$ 的估计值 $\hat{\beta}_0, \hat{\beta}_1, \cdots, \hat{\beta}_p$,使得残差平方和达到最小,即 $\hat{\beta} = \mathrm{argmin}_{\beta_0, \beta_1, \cdots, \beta_p} \mathrm{RSS}(\beta)$。$\hat{\beta}$ 具备许多优良的性质。例如,在满足模型设定的前提下,$\hat{\beta}$ 是 β 的一个无偏估计。同时,当收集到更多样本时,$\hat{\beta}$ 的估计也将更为精确。

最小二乘估计是求解线性回归问题中常用的估计方法,但不是唯一的方法。例如,在计算残差和时,可以不考虑欧氏距离的平方,而采用绝对值距离,即 $\sum_{i=1}^{n} |y_i - \beta_0 - \beta_1 x_1 - \cdots - \beta_p x_p|$。但是,相对于使用绝对值距离,最小二乘估计的计算性能更好。这是因为最小二乘估计可以显式求解。对最小二乘法的目标函数进行整理,可得

$$\mathrm{RSS}(\beta) = (y - X\beta)^\top (y - X\beta)$$

为求解目标函数的最小值,可以对残差平方和 $\mathrm{RSS}(\beta)$ 关于 β 求偏导,并令其等于0,公式如下。

$$\frac{\partial \mathrm{RSS}(\beta)}{\partial \beta} = -2X^\top (y - X\beta) = 0$$

可以解得

$$\hat{\beta} = (X^\top X)^{-1} X^\top y$$

由于 X 是满秩矩阵,则 $X^\top X$ 为正定矩阵,回归拟合值为

$$\hat{y} = X(X^\top X)^{-1} X^\top y = Hy$$

其中 $H = X(X^\top X)^{-1} X^\top$ 称为帽子矩阵。

最后我们再讨论一下如何对噪音项的方差 σ^2 进行估计。尽管 σ^2 的估计不会被引入 $\boldsymbol{\beta}$ 的估计中，但是它会对 $\hat{\boldsymbol{\beta}}$ 的统计推断产生影响。在模型的假设部分，我们提到了 $E(\varepsilon)=0$，所以有 $E(\varepsilon^2)=\sigma^2$，因此，随机误差项的方差 σ^2 可以通过如下公式估计。

$$n^{-1}\sum_{i=1}^{n}\varepsilon_i^2 = n^{-1}\sum_{i=1}^{n}\left(y_i - \beta_0 - \beta_1 X_{i1} - \beta_2 X_{i2} - \cdots - \beta_p X_{ip}\right)^2$$

由于 $\boldsymbol{\beta}=(\beta_0,\beta_1,\cdots,\beta_p)^\top$ 是未知参数，因此用最小二乘估计 $\hat{\boldsymbol{\beta}}=(\hat{\beta}_0,\hat{\beta}_1,\cdots,\hat{\beta}_p)^\top$ 来代替。

$$n^{-1}\sum_{i=1}^{n}\left(y_i - \hat{\beta}_0 - \hat{\beta}_1 X_{i1} - \hat{\beta}_2 X_{i2} - \cdots - \hat{\beta}_p X_{ip}\right)^2$$

尽管以上估计量在大样本的前提下具有优良的性质，但它仍是一个有偏估计 $[E(\hat{\sigma}^2)\neq\sigma^2]$。为了获得 σ^2 的无偏估计量，可以对这个估计量进行如下修正。

$$\hat{\sigma}^2 = \frac{1}{n-p-1}\sum_{i=1}^{n}\left(y_i - \hat{\beta}_0 - \hat{\beta}_1 X_{i1} - X_{i2} - \cdots - \hat{\beta}_p X_{ip}\right)^2 = \frac{\text{RSS}}{n-p-1}$$

可以证明，在正态假设 $\boldsymbol{y}\sim N(\boldsymbol{X\beta},\boldsymbol{I}_n\sigma^2)$ 下，估计量 $\hat{\boldsymbol{\beta}}$ 和 $\hat{\sigma}^2$ 有如下性质。

（1）$\hat{\boldsymbol{\beta}}$ 服从正态分布 $N\left[\boldsymbol{\beta},(\boldsymbol{X}^\top\boldsymbol{X})^{-1}\sigma^2\right]$。

（2）$\dfrac{\text{RSS}}{\sigma^2}$ 服从分布 $\chi^2(n-p-1)$。

6.4.2 最大似然估计

除了最小二乘估计，也可以采用最大似然估计的方法，对回归模型的参数进行估计。由于 ε 服从正态分布，则 $\boldsymbol{y}$ 的概率分布如下。

$$\boldsymbol{y}\sim N(\boldsymbol{X\beta},\sigma^2\boldsymbol{I}_n)$$

因此，可以写出似然函数及其对数形式如下。

$$L(\boldsymbol{\beta}) = (2\pi)^{-\frac{n}{2}}(\sigma^2)^{-\frac{n}{2}}\exp\left[-\frac{1}{2\sigma^2}(\boldsymbol{y}-\boldsymbol{X\beta})^\top(\boldsymbol{y}-\boldsymbol{X\beta})\right]$$

$$\ln L(\boldsymbol{\beta}) = -\frac{n}{2}\ln(2\pi) - \frac{n}{2}\ln(\sigma^2) - \frac{1}{2\sigma^2}(\boldsymbol{y}-\boldsymbol{X\beta})^\top(\boldsymbol{y}-\boldsymbol{X\beta})$$

最小化对数似然函数等价于最小化 $(\boldsymbol{y}-\boldsymbol{X\beta})^\top(\boldsymbol{y}-\boldsymbol{X\beta})$，因此最大似然估计的结果与普通最小二乘估计对于回归系数估计的结果是相同的。

6.5 假设检验

使用线性回归方程拟合随机变量 y 与变量 $X_1,\cdots X_p$ 之间的关系后，是否可以确定它们之间一定具有线性关系呢？实际上，由于存在随机性，我们不能断定变量之间的关系，因此在求解出线性回归方程后，还需要对回归方程进行显著性检验。本节将介绍两种检验方法，一种是回归系数显著性的t检验，另一种是回归方程显著性的F检验。

6.5.1 回归系数的t检验

当X_j对因变量实际没有显著影响时，$\beta_j = 0$，因此可以建立如下假设。

$$H_0: \beta_j = 0, H_1: \beta_j \neq 0, j = 1, 2, \cdots, p$$

由于$\hat{\beta} \sim N[\beta, \sigma^2(X^\top X)^{-1}]$，记$(X^\top X)^{-1} = (c_{ij})$ $i, j = 1, 2, \cdots, p$，于是有

$$E(\hat{\beta}_j) = \beta_j, Var(\hat{\beta}_j) = c_{jj}\sigma^2$$

$$\hat{\beta}_j \sim N(\beta_j, c_{jj}\sigma^2), j = 0, 1, 2, \cdots, p$$

得到t统计量

$$T_j = \frac{\hat{\beta}_j}{\sqrt{c_{jj}\hat{\sigma}^2}}$$

在H_0成立的条件下，以上t统计量服从自由度为$n-p-1$的t分布，即$T_j \sim t(n-p-1)$。因此，可以利用t统计量对回归系数的显著性进行检验。

6.5.2 回归方程的F检验

除了考虑某一个自变量的影响，还需要对回归方程整体的意义进行考察。对线性回归方程的显著性检验即判断自变量$X_1, \cdots, X_p$整体是否对因变量有显著性影响。因此，原假设与备择假设如下。

$$H_0: \beta_1 = \beta_2 = \cdots = \beta_p = 0, H_1: \exists j (1 \leq j \leq p) \, s.t. \, \beta_j \neq 0$$

记回归平方和（解释平方和）为$\text{ESS} = \sum_{i=1}^{n}(y_i - \bar{y})^2$，总平方和$\text{TSS} = \sum_{i=1}^{n}(y_i - \hat{y}_i)^2$。可以证明

$$\sum_{i=1}^{n}(y_i - \bar{y})^2 = \sum_{i=1}^{n}(\hat{y}_i - \bar{y})^2 + \sum_{i=1}^{n}(y_i - \hat{y}_i)^2$$

即$\text{TSS} = \text{ESS} + \text{RSS}$。在$H_0$成立的情况下，构建满足$F(p, n-p-1)$的$F$统计量如下。

$$F = \frac{\dfrac{\text{ESS}}{p}}{\dfrac{\text{RSS}}{n-p-1}} \sim F(p, n-p-1)$$

因此，可利用F统计量对回归方程的总体显著性进行检验。

6.6 模型评价

为评价建立的线性回归模型在多大程度上反映了模型的拟合程度,我们采用样本决定系数 R^2 来评价回归模型的拟合效果。样本决定系数 R^2 定义如下。

$$R^2 = 1 - \frac{\text{RSS}}{\text{TSS}} = \frac{\text{ESS}}{\text{TSS}}$$

残差平方和:$\text{RSS} = \sum_{i=1}^{n}(y_i - \hat{y}_i)^2$

回归平方和:$\text{ESS} = \sum_{i=1}^{n}(\hat{y}_i - \bar{y})^2$

总离差平方和:$\text{TSS} = \sum_{i=1}^{n}(y_i - \bar{y})^2$

R^2 表达式由分子和分母组成,其中分子可以表示因变量 Y 中我们能够了解和把握的部分,即 Y 的信息中被 X 解释的部分;分母表示 Y 的总的波动程度,既包含能够被自变量 X 解释的部分(回归平方和),也包括不能够被自变量 X 解释的部分(残差平方和)。

但是,R^2 有一个缺点,即鼓励过度拟合。简单来说,只要增加自变量 X 的个数,R^2 值就会增大,这使得 R^2 大的模型往往变量个数也较多,模型复杂度较高。为避免得到过于复杂的模型,在模型评价时一般经常使用的是调整后的 R^2。

$$R^2 = 1 - \frac{\frac{\text{RSS}}{n-p-1}}{\frac{\text{TSS}}{n-1}}$$

当模型的复杂度提高,自变量的个数 p 越来越多时,RSS 的下降会和 p 的增大产生对抗。如果 RSS 下降幅度极大,说明新加入的自变量对解释因变量有很大的影响,此时调整后的 R^2 会上升,反之则会下降。

在实际分析中,我们应当考虑哪一种判决系数呢?只要样本量足够大,R^2 中的 $\frac{n-1}{n-p-1}$ 就会非常接近 1,此时,两种判决系数的作用是相似的。但是,如果涉及模型的比较与选择,使用调整后的 R^2 更好,因为未调整的 R^2 更倾向于建立复杂的模型,从而不具备控制模型复杂度的能力。

6.7 回归诊断

建立回归模型后,还需要对模型进行回归诊断。回归诊断就像是给模型"看病",如果模型存在重大问题,那么通过诊断就能够看出端倪。回归诊断主要关注 4 个方面的问题:异方差、强影响点、多重共线性和正态性。

6.7.1 异方差

线性回归模型假设随机误差 ε_i 方差相同,如果不满足这一假设,则会产生异方差的问题。当模型存在异方差时,尽管此时仍然能够得到无偏的参数估计结果,但可能会存在以下问题。

(1)参数的显著性检验失效。

(2)回归方程的应用效果不理想。

如何诊断异方差问题呢?一般通过绘制残差图进行分析。具体而言,可以以回归拟合值 $\hat{y}_i$ 为横轴,残差 e_i 为纵轴,绘制散点图。若散点图随着横轴的增大而呈现出发散或汇聚的现象,则认为存在异方差。如图6-4(a)所示,可以观察到残差的波动随着 $\hat{y}_i$ 值的增大而增大,说明存在异方差问题。可以尝试对 y 做对数变换进行修正,如图6-4(b)所示。

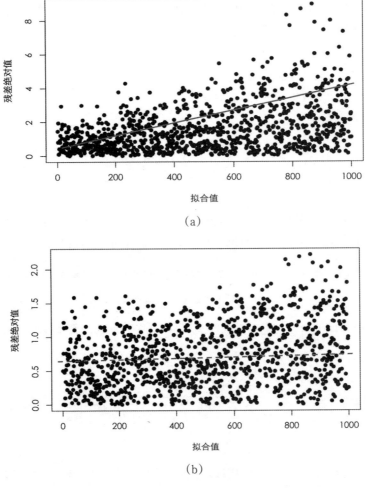

(a)

(b)

图6-4　残差与拟合值散点图

6.7.2 强影响点

强影响点是指对回归模型估计结果有较大影响的点。如图6-5所示,点$(x^\star, y^\star)$可以认为是强影响点。强影响点的存在会使回归线向自身靠拢(如图中虚线所示),因此会对回归方程的估计结果产生较大影响。当存在强影响点时,可以先剔除这些点后再进行回归分析。

如何判断一个样本是否为强影响点呢?著名统计学家R. D.库克建议按照样本的影响程度对样本进行打分。如果一个样本是强影响点,那么它的得分就会较高。这个分值后来也被称作Cook距离,如图6-6所示。Cook距离是如何计算的呢?想要评判一个样本的"影响力",可以剔除该样本后对回归方程重新进行估计。如果剔除样本前后的回归估计差异不大,那么该样本不是强影响点;如果回归估计差异巨大,则该样本就具有强影响点的嫌疑。具体而言,记$\hat{\beta}$为我们基于所有样本获得的系数估计值,$\hat{y}_j$为使用$\hat{\beta}$得到的第j个样本的拟合值。对于一个给定的样本i,如果要判断这个样本的影响力,则剔除该样本后,重新估计回归系数,记为$\hat{\beta}_{(i)}$,此时得到的模型对第j个样本的拟合值为$\hat{y}_{j(i)}$,则Cook距离的计算方式如下。

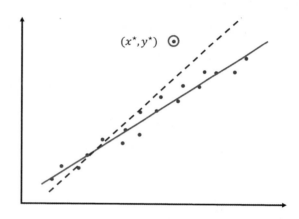

图6-5 线性回归分析中的强影响点

$$D_i = \frac{\sum_{j=1}^{n}\left[\hat{y}_j - \hat{y}_{j(i)}\right]^2}{(p+1)s^2}$$

其中,$s^2 = e^\top \dfrac{e}{n-p}, e = y - \hat{y}$。如果有少数样本的Cook距离特别大,则应该考虑将这样的样本剔除后,再重新拟合回归模型。一般认为,Cook距离大于1的样本点具有强影响点的嫌疑。

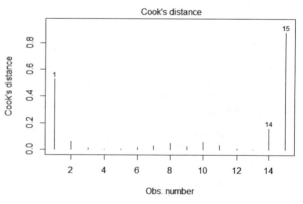

图6-6 样本点的Cook距离

6.7.3 多重共线性

多元线性回归模型有一个基本假定,要求$\text{rank}(X) = p + 1$,即自变量之间是线性无关的,任何一个自变量不能被其他的自变量所代替。若存在不全为0的$p+1$个数$c_0, c_1, \cdots, c_p$,使得$c_0 + c_1 x_{i1} + \cdots + c_p x_{ip} \approx 0, i = 1, 2, \cdots, n$,则称自变量$X_1, X_2, \cdots, X_p$之间存在多重共线性。多重共线性会对模型系数的估计产生影响。当存在完全共线性时,$c_0 + c_1 x_{i1} + \cdots + c_p x_{ip} = 0 (i = 1, 2, \cdots, n)$,$\text{rank}(X) < p + 1$,

此时 $|X^\top X| = 0$，方程组 $X^\top X\beta = X^\top y$ 的解不唯一，无法求得线性回归系数的最小二乘估计。

在实际问题中，自变量间的相关度极强时，就会产生近似共线性的情形，即 $c_0 + c_1 x_{i1} + \cdots + c_p x_{ip} \approx 0 (i = 1, 2, \cdots, n)$，此时 $|X^\top X| \approx 0$。在回归结果中，常表现为回归方程整体显著，但单个系数不显著，此时难以判断自变量对因变量的影响程度，甚至还会出现回归系数符号与真实情况相反的问题，因此多重共线性的诊断是十分必要的。

目前诊断多重共线性的主要方法为方差膨胀因子法。自变量 X_j 的方差膨胀因子可以这样计算：将自变量 X_j 对其他自变量进行线性回归，计算回归方程的决定系数 R_j^2。决定系数 R_j^2 越高，则 X_j 被其他自变量解释的程度越高，共线性也就越大。为了方便分析，可以将 R_j^2 稍作变换，得到方差膨胀因子（Variance Inflation Factor, VIF）如下。

$$\text{VIF}_j = \frac{1}{1 - R_j^2}$$

经验表明，当 $\text{VIF}_j \geq 10$ 时，自变量 X_j 与其余自变量之间有严重的多重共线性，且这种多重共线性可能会影响最小二乘估计值，因此建议剔除该自变量。

6.7.4 正态性

当自变量值固定时，因变量呈现正态分布，因此残差值也应当服从均值为0的正态分布。一般使用"正态Q-Q图"来查看是否符合正态性假设。正态Q-Q图的横轴为正态分布对应的概率值，纵轴为标准化残差对应的概率值。若满足正态性假设，则图中的散点应当落在呈45度角的直线上（如图6-7所示）。在实际问题中，正态性的分布特征很难完美满足。一般来说，当残差的分布存在较强的非对称性时，可以考虑对因变量进行变换（如对数变换），缓解残差分布的非正态性特征。

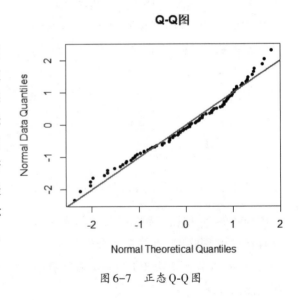

图6-7 正态Q-Q图

6.8 变量选择

6.8.1 逐步回归法

当回归模型纳入的自变量较多时，往往模型复杂度过高，此时难以得到稳定性高、解释性强的回归结果，会影响模型的应用效果。回归模型的变量选择是指对自变量进行筛选。筛选目标是选出对因变量解释性高的自变量,同时剔除解释性低的无关自变量。在变量选择的过程中如果遗漏了某些重要变量,回归方程的拟合及预测效果就会较差;如果考虑了过多的自变量,也会增加不必要的模型复杂度,降低模型的可解释性。因此,选择合适的自变量在回归问题中十分关键。本节将介绍自变量选择的常用方法——逐步回归法。

逐步回归法中,模型每次会添加或删除一个变量,直到达到某个停止标准为止。逐步回归法主要包括3种变量选择模式:向前逐步回归、向后逐步回归和向前向后逐步回归。向前逐步回归每次添加一个自变量,直到添加变量不会使模型效果有所改进为止;向后逐步回归从包含所有自变量的模型开始,每次删除一个自变量,直到模型效果不再改进为止;向前向后逐步回归(通常简称逐步回归)则结合了向前逐步回归和向后逐步回归的思想,每次添加一个变量后,对此时模型中的自变量进行重新评价,将对模型没有贡献的自变量剔除,因此可以实现自变量反复添加、删除,直到获得最优模型为止。

6.8.2 信息准则

信息准则是评价变量选择过程中模型拟合程度及复杂度的综合性指标,常用的信息准则有赤池信息准则与贝叶斯信息准则。

赤池信息准则(Akaike Information Criterion, AIC)是根据最大似然估计原理提出的一种较为一般的模型选择准则。设模型的似然函数为$L(\boldsymbol{\beta})$,$\boldsymbol{\beta}$的维数为m,则AIC定义如下。

$$\text{AIC} = -\frac{2}{n}L(\boldsymbol{\beta}) + \frac{2m}{n}$$

其中,n表示样本量。由于似然函数越大估计量越好,同时复杂程度越低(m越小)的模型可解释性越好,因此选择使得AIC达到最小的模型是最优模型。

一般而言,当模型中变量较多,复杂度提高(m增大)时,似然函数$L(\boldsymbol{\beta})$也会增大,从而使AIC变小。但是m过大时,似然函数增速减缓,导致AIC增大,因此使用AIC可以在提高模型拟合度(增大似然函数的值)的同时,降低模型复杂度,避免模型过拟合。

贝叶斯信息准则(Bayesian Information Criterion, BIC)与AIC的设计原理相似,但BIC对于模型复杂度的"惩罚"力度比AIC更大。

$$\text{BIC} = -2L(\boldsymbol{\beta}) + \log(n) \times m$$

由AIC和BIC的表达式可以看出,在数据量n较大时,BIC对于模型复杂度的"惩罚"力度更强。因此在BIC下得到的最优模型一般更加简洁。

6.9 模型实现

6.9.1 R语言中的基本函数

R语言中实现线性回归可以使用lm()函数。lm()函数中包含两个主要参数：回归公式（formula）和数据集（data），格式为`myfit <- lm(formula, data)`。其中，formula指要拟合的模型形式，data是一个数据框，包含了用于拟合模型的数据，函数返回的结果对象myfit储存在一个列表中，包含了所拟合模型的大量信息。回归公式（formula）的形式如下。

$$Y \sim X_1 + X_2 + \cdots + X_p$$

"~"符号左边为因变量，右边为自变量，每个自变量用"+"分隔。下表中的符号可以用不同方式修改这一表达式。

表6-2 回归方程公式符号使用说明

符号	用途	示例
~	分隔符号，左边为因变量，右边为自变量	$Y \sim X_1 + X_2$
+	分隔自变量	
:	表示自变量的交互项	$Y \sim X_1 + X_2 + X_1:X_2$
*	表示所有可能交互项的简洁方式	$Y \sim X_1 * X_2$
^	表示交互项达到某个次数	$Y \sim X_1 + X_2 + X_2 \cdot 2$
.	表示包含除因变量之外的所有变量	$Y \sim .$
-	表示从等式中移除某个变量	$Y \sim . - X_1$
-1	删除截距项	$Y \sim . - 1$

完成模型拟合后，将下表所示的函数应用于lm()函数返回的对象，可以得到更多额外的模型信息。

表6-3 函数及对应用途说明表

函数	用途
summary()	展示拟合模型的详细结果
coefficients()	列出拟合模型的模型参数
confint()	提供模型参数的置信区间（默认95%）
fitted()	列出拟合模型的预测值
residuals()	列出拟合模型的残差值
vcov()	列出模型参数的协方差矩阵
AIC()	输出AIC值

续表

函数	用途
plot()	生成评价拟合模型的诊断图
predict()	用拟合模型预测新数据集的因变量值

6.9.2 实例分析

使用数据分析岗位招聘薪酬数据集进行实例分析,以岗位薪资为因变量,其他的变量为自变量,在 R 语言中使用 lm() 函数建立回归模型。

1. 建立线性回归模型

```
## 建立线性模回归型
lm.fit1 = lm(aveSalary ~ ., data = jobinfo)
## 查看回归结果
summary(lm.fit1)
##
## Call:
## lm(formula = aveSalary ~ ., data = jobinfo)
##
## Residuals:
##      Min      1Q   Median     3Q     Max
## -10071.2  -2153.6  -676.5  1654.8  13515.5
##
## Coefficients:
##                   Estimate Std. Error t value  Pr(>|t|)
## (Intercept)       6768.910    254.284   26.619 < 0.0000000000000002 ***
## R1                 466.596    218.212    2.138   0.03253 *
## SPSS1              423.658    207.874    2.038   0.04158 *
## Excel1            -970.032     97.652   -9.934 < 0.0000000000000002 ***
## Python1            718.776    234.923    3.060   0.00222 **
## MATLAB1            -75.241    302.845   -0.248   0.80380
## Java1              568.885    258.771    2.198   0.02795 *
## SQL1              1275.237    148.395    8.594 < 0.0000000000000002 ***
## SAS1               332.544    227.232    1.463   0.14339
## Stata1           -1062.972    814.138   -1.306   0.19172
## EViews1            419.079    844.015    0.497   0.61954
## Spark1              -3.709    436.855   -0.008   0.99323
## Hadoop1           1736.165    330.751    5.249   0.0000001575250389 ***
## 公司类别合资       723.833    236.596    3.059   0.00223 **
## 公司类别外资       293.873    234.330    1.254   0.20985
## 公司类别上市公司   597.552    264.734    2.257   0.02403 *
## 公司类别民营公司   378.531    211.465    1.790   0.07349 .
## 公司类别创业公司   893.262    402.988    2.217   0.02668 *
## 公司规模50~500人   282.346    111.355    2.536   0.01125 *
```

```
## 公司规模500~1000人         77.016     149.989   0.513                 0.60763
## 公司规模1000~5000人       427.060     156.551   2.728                 0.00639 **
## 公司规模5000~10000人      339.565     278.032   1.221                 0.22201
## 公司规模10000人以上       329.871     229.577   1.437                 0.15080
## 学历要求中专           -1432.439     272.913  -5.249    0.0000001579146062 ***
## 学历要求高中           -1626.832     318.650  -5.105    0.0000003392908562 ***
## 学历要求大专            -930.555     121.848  -7.637    0.0000000000000253 ***
## 学历要求本科             776.026     126.739   6.123    0.0000000009705010 ***
## 学历要求研究生          1725.095     286.849   6.014    0.0000000019065795 ***
## 工作经验                 682.515      23.073  29.580 <  0.0000000000000002 ***
## 地区非北上深           -2515.269     102.062 -24.645 <  0.0000000000000002 ***
## ---
## Signif. codes:  0 '***' 0.001 '**' 0.01 '*' 0.05 '.' 0.1 ' ' 1
## 
## Residual standard error: 3105 on 6652 degrees of freedom
## Multiple R-squared:  0.3199, Adjusted R-squared:  0.3169
## F-statistic: 107.9 on 29 and 6652 DF,  p-value: < 0.00000000000000022
```

2. 回归诊断和模型修正

拟合回归模型之后，还需要通过回归诊断判断模型是否合适。虽然summary()函数对模型做了整体的描述，但是它并没有包含回归模型诊断的信息。在R语言中直接使用plot()函数可以展现模型诊断的结果，实现方式如下，R语言输出的回归诊断图像如图6-8所示。

```
## 对线性模型进行回归诊断
# 将画布分为2*2的4块
par(mfrow=c(2,2))
plot(lm.fit1, which = c(1:4))
```

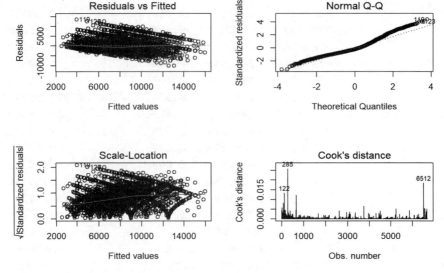

图6-8　R语言输出的回归诊断图像

图6-8中左上图为残差与拟合值的散点图,若因变量和自变量呈现线性相关关系,则残差值与拟合值没有任何的系统关联。图中所示残差并不随着拟合值的变化呈现规律性变化,因此基本满足线性假设;右上图为正态Q-Q图,当因变量服从正态分布时,图中的散点应该落在呈45度角倾斜的直线上,根据图示,模型中的残差项在较大值的部分偏离直线,因此较大程度上偏离了正态分布;左下图为位置尺度图,若满足同方差假定,则水平线周围的点应呈现无规律随机分布,根据图中所示,随着拟合值增大,标准化残差升高,表明存在一定的异方差问题;右下图为样本点的Cook距离,其最大值未超过0.05,因此认为样本中不存在异常点。

针对以上模型出现的问题,可将因变量进行对数变换,重新拟合回归模型,R语言代码如下。

```
## 计算对数因变量
jobinfo$对数薪资 <- log(jobinfo$aveSalary)
# 建立对数线性模型,剔除平均薪资变量
lm.fit2 = lm(对数薪资 ~ .-aveSalary, data = jobinfo)
## 查看回归结果
summary(lm.fit2)
##
## Call:
## lm(formula = 对数薪资 ~ . - aveSalary, data = jobinfo)
##
## Residuals:
##      Min       1Q   Median       3Q      Max
## -1.59999 -0.26299 -0.02898  0.25620  1.43210
##
## Coefficients:
##                  Estimate Std. Error t value             Pr(>|t|)
## (Intercept)      8.753373   0.030511  286.892 < 0.0000000000000002 ***
## R1               0.032774   0.026183    1.252              0.21071
## SPSS1            0.055665   0.024942    2.232              0.02566 *
## Excel1          -0.117507   0.011717  -10.029 < 0.0000000000000002 ***
## Python1          0.083433   0.028188    2.960              0.00309 **
## MATLAB1         -0.006056   0.036338   -0.167              0.86765
## Java1            0.069968   0.031050    2.253              0.02426 *
## SQL1             0.147355   0.017806    8.276 < 0.0000000000000002 ***
## SAS1             0.046839   0.027265    1.718              0.08586 .
## Stata1          -0.123253   0.097687   -1.262              0.20710
## EViews1          0.039811   0.101272    0.393              0.69425
## Spark1          -0.037998   0.052417   -0.725              0.46853
## Hadoop1          0.179699   0.039686    4.528 0.000006058448713169 ***
## 公司类别合资      0.087100   0.028389    3.068              0.00216 **
## 公司类别外资      0.025907   0.028117    0.921              0.35686
## 公司类别上市公司  0.074514   0.031765    2.346              0.01902 *
## 公司类别民营公司  0.041935   0.025373    1.653              0.09844 .
## 公司类别创业公司  0.103932   0.048354    2.149              0.03164 *
## 公司规模50~500人  0.034777   0.013361    2.603              0.00927 **
## 公司规模500~1000人 0.017690  0.017997    0.983              0.32567
```

```
## 公司规模1000~5000人    0.044287   0.018784    2.358          0.01842 *
## 公司规模5000~10000人   0.045901   0.033361    1.376          0.16890
## 公司规模10000人以上    0.048603   0.027546    1.764          0.07771 .
## 学历要求中专          -0.200786   0.032746   -6.132 0.000000000919981542 ***
## 学历要求高中          -0.223217   0.038234   -5.838 0.000000005527645379 ***
## 学历要求大专          -0.117711   0.014620   -8.051 0.000000000000000964 ***
## 学历要求本科           0.090812   0.015207    5.972 0.000000002469471753 ***
## 学历要求研究生         0.201236   0.034418    5.847 0.000000005250271705 ***
## 工作经验              0.084425   0.002769   30.495  < 0.0000000000000002 ***
## 地区非北上深         -0.374549   0.012246  -30.585  < 0.0000000000000002 ***
## ---
## Signif. codes:  0 '***' 0.001 '**' 0.01 '*' 0.05 '.' 0.1 ' ' 1
##
## Residual standard error: 0.3725 on 6652 degrees of freedom
## Multiple R-squared:  0.3476, Adjusted R-squared:  0.3448
## F-statistic: 122.2 on 29 and 6652 DF,  p-value: < 0.00000000000000022
```

拟合对数线性回归模型之后,同样需要通过回归诊断判断模型是否满足基本假设。

```
# 将画布分为2*2的4块
par(mfrow=c(2,2))
plot(lm.fit2, which = c(1:4))
```

诊断结果如图6-9所示,回归模型的异方差及非正态性都得到了改善。

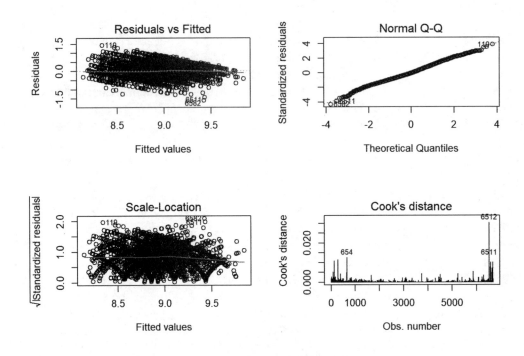

图6-9　调整后的模型回归诊断图

接下来使用DAAG包中的vif()函数诊断模型的多重共线性,代码如下。

```
# 多重共线性诊断:计算VIF值
library(DAAG)
vif(lm.fit2)
```

```
##            R1            SPSS1           Excel1
##        1.9138           2.1948           1.1146
##       Python1          MATLAB1            Java1
##        1.6090           1.2310           1.4519
##          SQL1             SAS1           Stata1
##        1.3385           2.3449           1.0974
##       EViews1           Spark1          Hadoop1
##        1.0323           1.7191           1.8908
##    公司类别合资      公司类别外资    公司类别上市公司
##        3.5698           3.7260           2.3917
##  公司类别民营公司  公司类别创业公司  公司规模50~500人
##        6.6519           1.3644           2.1190
## 公司规模500~1000人 公司规模1000~5000人 公司规模5000~10000人
##        1.6593           1.6808           1.1451
## 公司规模10000人以上  学历要求中专      学历要求高中
##        1.2954           1.1550           1.1191
##    学历要求大专      学历要求本科      学历要求研究生
##        2.5233           2.6254           1.1862
##      工作经验        地区非北上深
##        1.0490           1.0905
```

根据结果可以看出,所有变量的VIF值都小于10,因此认为自变量不存在较强的多重共线性。

3. 模型解读

R语言输出的结果显示,模型的F检验的p值<0.05。因此在0.05的显著性水平下,该模型整体是有意义的。每一个自变量的输出信息分别为系数估计值、标准误、t统计量值、t检验的p值和对应的显著性水平。以变量"经验要求"为例,其系数估计值为0.085,估计的标准误为0.003,t统计量值为30.567,若取显著性水平为0.05,则"经验要求"与薪资有显著的正相关性。

回归系数直接反映了因变量与自变量间的相关关系。线性回归模型的系数基本含义是,在控制其他自变量不变的条件下,某个自变量每变化1个单位,导致模型中的因变量变化的平均值,在本案例中使用对数线性回归模型,因此在解读上也稍有不同。利用偏微分表达的形式 $\frac{\partial \log(y)}{\partial x} = \frac{\partial y}{y \times \partial x}$,可以看出,$x$的回归系数可以近似解读为,在控制其他自变量不变的条件下,某个自变量每变化1个单位,导致的薪资变化的比例,具体解读如下。

(1)自变量为数值型变量时,系数解释为自变量每增加一个单位,因变量增加的比例。例如,自变量"经验要求"的回归系数(0.084)可解释为,在控制其他因素不变的情况下,对数据分析人员的工作经验年限要求每多一年,相应岗位的薪资平均高出8.4%。

(2) 自变量为 0-1 定性变量时,线性回归模型系数可解释为自变量取分类"1"时,因变量相对自变量取分类"0"时平均增加的比例,例如,自变量"R"对应的系数为 0.033,说明要求掌握 R 语言的岗位薪资平均比不要求掌握 R 语言的岗位高出 3.3%,这和本章开头描述的分析趋势是吻合的。

(3) 自变量为多分类自变量时,线性回归模型系数可以解释为自变量取该分类的某个水平时,因变量相对于基准水平增加的比例。例如,自变量"公司规模"基准水平为"少于 50 人",那么"5000~10000 人"对应的系数 0.046 可解读为公司规模为 5000~10000 人的岗位薪资平均比公司规模少于 50 人的岗位高 4.6%。

但是,值得注意的是,由于我们在进行对数线性回归系数解读时对数据做了近似处理,因此数据可能存在一些偏差,更为直接的方式是计算因变量增长率 $\exp(\beta_j) - 1$,将此作为对自变量 X_j 系数的解读。

4. 模型选择

对于上一节建立的模型,使用 BIC 选择最优模型,在 R 语言中使用 step() 函数作用于 lm() 函数返回的模型。step() 函数中,参数 direction 表示选择模型的方法,forward 表示向前选择,back 表示向后选择,both 表示结合两个方向逐步选择;参数 k 决定逐步回归的准则,设置 k=2 使用 AIC,设置 k=n 使用 BIC,其中 n 表示样本量,代码如下。

```
## 使用BIC选择模型
n <- nrow(jobinfo)
lm.bic <- step(lm.fit2, direction = "both", k = log(n), trace = F)
summary(lm.bic)
##
## Call:
## lm(formula = 对数薪资 ~ SPSS + Excel + Python + SQL + Hadoop +
##     学历要求 + 工作经验 + 地区, data = jobinfo)
##
## Residuals:
##     Min      1Q  Median      3Q     Max
## -1.54248 -0.25992 -0.02571  0.25825  1.43138
##
## Coefficients:
##                Estimate Std. Error  t value            Pr(>|t|)
## (Intercept)    8.827384   0.013680  645.276 < 0.0000000000000002 ***
## SPSS1          0.092435   0.018706    4.941   0.00000079418407451 ***
## Excel1        -0.117721   0.011646  -10.108 < 0.0000000000000002 ***
## Python1        0.110596   0.024510    4.512   0.00000652522467175 ***
## SQL1           0.160374   0.017389    9.223 < 0.0000000000000002 ***
## Hadoop1        0.191131   0.030947    6.176   0.00000000069579684 ***
## 学历要求中专   -0.202515   0.032791   -6.176   0.00000000069674498 ***
## 学历要求高中   -0.223880   0.038146   -5.869   0.00000000459536464 ***
## 学历要求大专   -0.116834   0.014630   -7.986   0.00000000000000163 ***
## 学历要求本科    0.094769   0.015130    6.263   0.00000000039996660 ***
## 学历要求研究生  0.201863   0.034147    5.912   0.00000000355550562 ***
```

```
## 工作经验        0.084348    0.002766  30.496  < 0.0000000000000002 ***
## 地区非北上深   -0.371999    0.011976 -31.061  < 0.0000000000000002 ***
## ---
## Signif. codes:  0 '***' 0.001 '**' 0.01 '*' 0.05 '.' 0.1 ' ' 1
##
## Residual standard error: 0.3732 on 6669 degrees of freedom
## Multiple R-squared:  0.3436,    Adjusted R-squared:  0.3424
## F-statistic: 290.9 on 12 and 6669 DF,  p-value: < 0.00000000000000022
```

使用BIC进行逐步回归后，留下的自变量都对因变量有显著影响。自变量的系数估计值与模型选择之前略有区别，对于自变量系数的解读同理。

5. 模型预测

选择出最优的回归模型之后，就可以对新收集到的样本数据进行预测。假设有一份北京市上市公司数据分析的工作，该公司有1500人，这个工作要求申请人掌握R语言、Python、SQL和Hadoop，并且有至少3年的工作经验，最低学历为硕士。通过模型预测该岗位的薪资。

在R语言中，可以使用predict()函数完成模型预测。但是，值得注意的是，直接做回归模型预测得到的仍是$\log(Y)$的预测值，如果需要得到Y的预测值则需要经过一些变换。

在因变量Y满足对数线性模型的基础上$[\log(Y) = X^\top \boldsymbol{\beta} + \boldsymbol{\varepsilon}]$，可以推导得到

$$E(Y) = \exp(X^\top \boldsymbol{\beta} + \frac{\sigma^2}{2})$$

因此，预测的薪资计算方式为

$$\hat{y} = \exp(X^\top \hat{\boldsymbol{\beta}} + \frac{\hat{\sigma}^2}{2})$$

在R语言中实现的代码如下。

```
## 新样本
testdata <- data.frame(R = 1, SPSS = 0, Excel = 0, Python = 1, MATLAB = 0, Java = 0, SQL = 1, SAS = 0, Stata = 0, EViews = 0, Spark = 0, Hadoop = 1, 公司类别 = "上市公司", 公司规模 = "1000~5000人", 学历要求 = "研究生", 工作经验 = 3, 地区 = "北上深")
## 将软件技能转换为因子类型数据
for (i in c(1:12)) {
    testdata[,i] <- as.factor(testdata[,i])
}
logsalary_hat <- predict(lm.bic, newdata = testdata)  # 预测值
sigma_hat2 <- sum(lm.bic$residuals^2)/lm.bic$df.residual  # sigma^2估计值
y_hat <- exp(logsalary_hat + sigma_hat2/2)  #
cat("薪资水平约为", round(y_hat, 2), "元/月")
## 薪资水平约为 18288.72 元/月
```

根据模型的预测结果，该工作岗位薪资约为18288.72元/月。

6.10 小结

回归分析是统计分析中最重要的思想之一,它主要解读变量之间的相关关系,在实际的业务场景中有着非常广泛的应用。

本章中,我们借助数据分析岗位招聘薪酬数据集,详细介绍了线性回归分析的相关内容,包括模型形式、模型理解、回归参数的估计方法、模型评价与回归诊断、模型选择。最后,本章展示了如何在R语言中进行完整的线性回归分析,并对新样本数据进行预测。

6.11 本章习题

1. 推导并证明:在对数线性回归模型中,因变量的期望表达式如下。

$$E(Y) = \exp\left(X^\top \beta + \frac{\sigma^2}{2}\right)$$

2. 使用本章例2的案例背景,分析影响二手房单位面积房价的重要因素。数据集house.csv为某二手房中介网站的北京在售二手房2016年5月的相关数据,共包括单位面积房价(price)、城区(cate)、卧室数(bedrooms)、厅数(halls)、房屋面积(area)、楼层(floor)、是否邻近地铁(subway)、是否是学区房(school)这几个变量。以房价为因变量,在R语言中建立普通线性回归模型,并对模型结果进行诊断。

3. 对于题目2中的数据,建立对数线性模型,并加入城区与学区的交互项,对系数进行解读。

4. 使用BIC对题目3的模型进行选择,使用最终的模型进行新样本单位面积房价的预测。其中,预测样本为一间海淀区的两室一厅学区房,所在楼层为低楼层,并且邻近地铁,房屋面积为70平方米。

第七章

逻辑回归

上一章结合数据分析岗位薪酬的案例介绍了线性回归模型的基本形式、模型解读、模型评估等方面的内容,本章将讲解回归分析中另一个重要模型:逻辑回归。逻辑回归与线性回归最主要的区别是因变量的类型不同,线性回归中,因变量是连续取值的定量变量(如薪资、房价等),逻辑回归模型中因变量则是取值为有限分类的分类型变量,这意味着在建模方式上逻辑回归模型将与线性回归模型大不相同。本章主要讲解二分类因变量的逻辑回归模型。

现实中涉及二分类的业务问题有哪些?例如,在电商营销中,用户的购买决定(购买或不购买)就是一个二分类变量。精准预测用户的购买意愿,对于品牌的市场细分、个性化推荐有重要的战略意义。再如,在留学申请中,申请者是否被学校接收也是一个二分类变量。如果能够针对特定的申请者,定制留学申请的"投资组合",那么申请的成功率则会大幅提升,申请的风险也会进一步降低。除此之外,银行是否发放信用卡、客户是否流失等问题也是逻辑回归模型的用武之地。

为了预测二分类因变量的类别,需要纳入一系列相关的自变量。通过逻辑回归建模,可以将这些自变量纳入模型中,并对其重要性进行评估。本章将讲解逻辑回归的模型形式、估计方法、模型解读及模型评价。

案例引入

背景介绍

近年来,出国留学已经列入越来越多学生的"未来规划清单",2013年到2019年中国出国留学人数如图7-1所示。根据教育部数据,2018年我国出国留学人数约66.2万人,同比增长8.83%。其中,自费留学人数占比最多,达59.63万人,占总留学人数的90%,国家公派3.02万人,单位公派3.56万人。

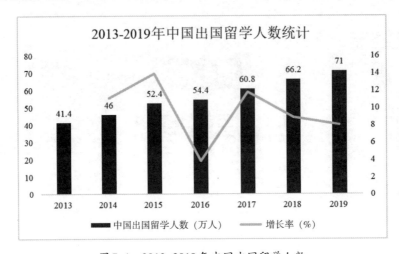

图7-1　2013-2019年中国出国留学人数

从留学生选择留学的国家/地区来看,留学目的地选择多样化,美国依旧是最受欢迎的留学国家,英国增幅明显。数据显示,2019年留学生选择美国的人数占比下滑,为43%;而选择英国的人数占比在2019年大幅上升,占比41%,和美国的差距正在缩小,如图7-2所示。

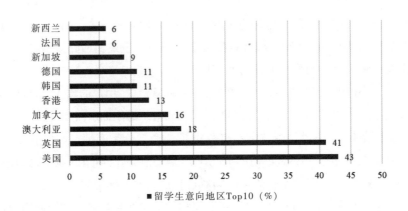

图7-2　2019年中国留学生留学意向国家Top10

但是,留学申请本身不是一件容易的事——不仅需要准备文书、英文考试,还要从上百个学校列表中选出适合自己的高校。若能有针对性地提升有利于成功申请的个人背景与能力,就更有可能被"dream school"录取。

数据介绍

本章使用一个留学申请数据集,该数据集来自某留学申请论坛,包含了15908条申请者的申请学校及录取与否信息。留学申请数据变量说明如表7-1所示。

表7-1 留学申请数据

变量类型		变量名	详细说明	取值范围
因变量		申请结果	定性变量	3个水平:拒绝(rej)、录取(offer/ad)、候补(waiting list)
自变量	基础信息	编号	连续变量	[14, 38183]
		作者	文本数据	例:leucocyte, yycenty
		时间	连续变量	[2010, 2019]
	申请信息	申请学校所属国家和地区	定性变量	8个水平:美国、澳洲、欧洲等
		申请季节	定性变量	2个水平:fall(秋季)、spring(春季)
		申请类型	定性变量	3个水平:PhD(博士)、MS(硕士)、混合
		申请院校	定性变量	2431个水平:Yale University、Duke University等
		申请专业	定性变量	34个水平:Accounting、Bio等
		学校-专业录取率	连续变量	[0, 1]
		申请学校是否为Top 50	定性变量	2个水平:0为否,1为是
	原学校信息	申请前是否研究生毕业	定性变量	2个水平:0为否,1为是
		原院校	定性变量	1359个水平:青岛大学、北京大学等
		原专业	定性变量	1915个水平:自动化、信息工程等
		是否转专业	定性变量	2个水平:0为否,1为是
		其他背景	文本数据	例:4篇论文
	成绩信息	托福成绩	连续变量	[70, 119]
		GRE总成绩	连续变量	新:[208, 340],老:[512, 760]
		GRE Verbal成绩	连续变量	新:[135, 170],老:[370, 760]
		GRE Quantitative成绩	连续变量	新:[147, 180],老:[730, 800]
		GRE 写作成绩	连续变量	新:[1.5, 8],老:[170, 1190]
		GRE sub分数	文本数据	例:Math 880 (94%)
		GPA	连续变量	[1, 95]
		GPA算法	定性变量	3个水平:100、4.3、4
	拓展信息	是否有牛推	定性变量	2个水平:0为否,1为是
		是否有实习		
		是否有科研		
		是否有发表论文		
		是否以第一作者发表论文		
		是否有SCI论文		
		是否有交流经历		

描述分析

在介绍逻辑回归模型之前,先对数据进行粗略的描述分析,简要观察各个自变量与因变量之间是否存在一定关系。

(1)因变量:申请结果。数据中,录取的案例占一半以上,其中包括无奖录取、小奖录取和全奖录取,被拒绝的申请占比为27.6%,还有少部分申请结果为Waiting List。申请结果分布饼图如图7-3所示。在后续的建模中,将把Waiting List划分到拒绝类别。

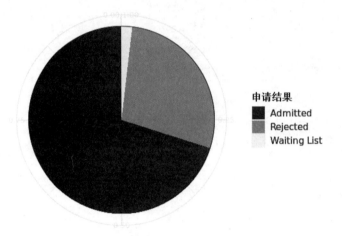

图7-3　申请结果分布饼图

(2)自变量:成绩(GPA)。一般而言,高GPA的申请者更容易获得申请学校的青睐。如图7-4所示,申请Top50学校时,被录取的学生平均GPA(中位数)较高,申请其他学校时,GPA差异则不明显。从波动程度来看,无论是申请Top50还是其他学校,被录取同学的GPA的差异都比未录取的GPA差异大,说明高GPA不一定是录取的必要因素。

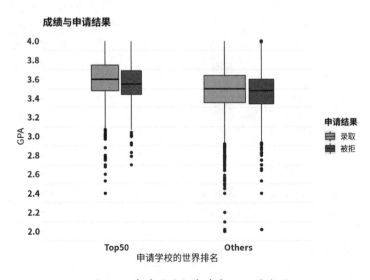

图7-4　申请结果与申请者GPA箱线图

(3) 自变量:托福成绩。不同托福成绩的平均录取率如图7-5所示。

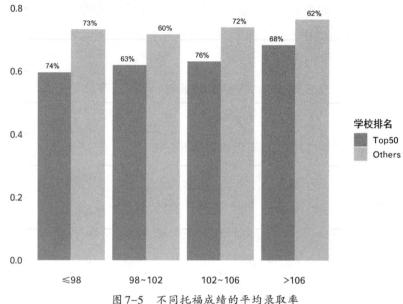

图7-5 不同托福成绩的平均录取率

语言成绩是一个重要的申请因素。托福考试评估了申请者的英语听、说、读、写能力,从而使得申请学校可以合理衡量国际申请者的语言水平。将数据中的托福成绩划分为4个档次,观察不同档次对应的平均录取率,可以看到,对于排名更好的学校而言,托福成绩越高,平均录取率明显越高。

本章难点

(1) 了解逻辑回归模型的基本思想和应用场景,掌握模型形式、模型的参数估计方法与模型的变量选择。

(2) 理解并掌握逻辑回归模型的评价指标与评价方法。

(3) 使用R语言实现逻辑回归模型的建立、解读、预测与评估。

7.1 模型形式

在逻辑回归中,二分类因变量用0和1表示。例如,在留学申请中,用1表示被录取,0表示不被录取,这里我们关心的核心问题是哪些因素会影响留学申请是否被录取,这些因素能在多大程度上对结果有影响。

为了建模因变量Y(0~1类型数据),首先可以考虑使用线性回归模型,具体如下。

$$Y = \beta_0 + \beta_1 X_1 + \beta_2 X_2 + \cdots + \beta_p X_p + \varepsilon$$

尽管以上模型仍然可以用最小二乘法估计，但是模型设定的形式存在问题，这是因为等号两边的取值是不匹配的。等号左边的因变量 Y 是一个取值范围为 0~1 的定性变量，而等号右边（尤其在随机误差项 ε 的干扰下）是一个取值任意的量，它们在取值范围上是不匹配的。因此，对于取值范围为 0~1 的因变量，需要一种全新的建模方式。

注意，因变量 Y 是一个取值范围为 0~1 的变量，因此它的概率分布如下。

$$P(Y = 1) = \pi,\ P(Y = 0) = 1 - \pi$$

根据离散型随机变量期望值的定义，可以得到如下公式。

$$E(Y) = 1 \times \pi + 0 \times (1 - \pi) = \pi$$

给定自变量 X 的取值，因变量的条件均值 $E(Y|X)$ 表示给定自变量时 $Y = 1$ 的条件概率 $P(Y = 1|X) = p(X^\top \boldsymbol{\beta})$。因此，我们只要对 $p(X^\top \boldsymbol{\beta})$ 的函数形式给出一个合理的假设，就能够实现对取值范围为 0~1 的因变量的建模。$p(X^\top \boldsymbol{\beta})$ 表示一个 0~1 的概率取值，而 $X^\top \boldsymbol{\beta}$ 作为自变量的线性组合，其取值是任意的。此时我们需要一个单调函数，能够把取值任意的自变量线性组合 $X^\top \boldsymbol{\beta}$ 变换成 0~1 的实数。满足这样条件的变换有很多，其中常用的是 Logistic 函数（也称为逻辑函数）。

$$f(x) = \frac{\exp(x)}{1 + \exp(x)} = \frac{1}{1 + \exp(-x)}$$

逻辑回归模型可以表述为

$$P(Y = 1) = p(X^\top \boldsymbol{\beta}) = \frac{\exp(X^\top \boldsymbol{\beta})}{1 + \exp(X^\top \boldsymbol{\beta})}$$

同时，可以对 $p(X^\top \boldsymbol{\beta})$ 进行等价的逆变换（也称为 logit 变换），得到如下公式。

$$\text{logit}\left[p(X^\top \boldsymbol{\beta})\right] = \log\left[\frac{p(X^\top \boldsymbol{\beta})}{1 - p(X^\top \boldsymbol{\beta})}\right] = X^\top \boldsymbol{\beta}$$

这就是逻辑回归模型的表达形式。当 $X^\top \boldsymbol{\beta} \to +\infty$ 时，$P(Y = 1|X) \to 1$；当 $X^\top \boldsymbol{\beta} \to -\infty$ 时，$P(Y = 1|X) \to 0$。其中，$\dfrac{p(X^\top \boldsymbol{\beta})}{1 - p(X^\top \boldsymbol{\beta})}$ 称为胜率（odds），$\log\left[\dfrac{p(X^\top \boldsymbol{\beta})}{1 - p(X^\top \boldsymbol{\beta})}\right]$ 称为对数胜率（log odds）。

7.2 模型估计

对于逻辑回归模型而言，我们同样关心回归系数 $\boldsymbol{\beta}$ 的估计。对于给定的自变量 X_j，$\beta_j = 0$ 意味着在其他自变量不变的情况下,该变量对于解释目标的条件概率 $p(X_i^\top \boldsymbol{\beta})$ 没有任何帮助。但是,如果 $\beta_j > 0$,那么在给定其他自变量不变的前提下,自变量 X_j 的上升会带来条件概率 $p(X^\top \boldsymbol{\beta})$ 的上升,即 Y 取 1 的可能性变大,否则 Y 取 0 的可能性会上升。

对于逻辑回归模型的估计一般使用最大似然估计。采用最大似然估计法需要先写出似然函数的形式。

假设收集到的样本数据是互相独立的。首先,给定 X_i 的取值后,Y_i 的取值为 0 和 1 的概率分别如下。

$$P(Y_i|X_i) = \begin{cases} \dfrac{\exp(X_i^\top \boldsymbol{\beta})}{1 + \exp(X_i^\top \boldsymbol{\beta})}, & Y_i = 1 \\ \dfrac{1}{1 + \exp(X_i^\top \boldsymbol{\beta})}, & Y_i = 0 \end{cases}$$

整合后,可以得到如下公式。

$$P(Y_i|X_i) = \left\{\dfrac{\exp(X_i^\top \boldsymbol{\beta})}{1 + \exp(X_i^\top \boldsymbol{\beta})}\right\}^{Y_i} \left\{\dfrac{1}{1 + \exp(X_i^\top \boldsymbol{\beta})}\right\}^{1-Y_i}$$

在样本观测值互相独立的情况下,似然函数为

$$L(\boldsymbol{\beta}) = \prod_{i=1}^{n} P(Y_i|X_i) = \prod_{i=1}^{n} \left\{\dfrac{\exp(X_i^\top \boldsymbol{\beta})}{1 + \exp(X_i^\top \boldsymbol{\beta})}\right\}^{Y_i} \left\{\dfrac{1}{1 + \exp(X_i^\top \boldsymbol{\beta})}\right\}^{1-Y_i}$$

最大似然估计值为 $\hat{\boldsymbol{\beta}} = \arg\max_{\boldsymbol{\beta}} L(\boldsymbol{\beta})$,似然函数 $L(\boldsymbol{\beta})$ 是一个连乘的形式,因此直接对似然函数 $L(\boldsymbol{\beta})$ 求最优解并不易操作。对似然函数进行对数变换,将其转换成求和形式,得到对数似然函数,再进行优化求解。对数似然函数如下。

$$\begin{aligned} L(\boldsymbol{\beta}) &= \sum_{i=1}^{n} \log\{p(Y_i|X_i)\} \\ &= \sum_{i=1}^{n} \left[Y_i \log\left\{\dfrac{\exp(X_i^\top \boldsymbol{\beta})}{1 + \exp(X_i'\boldsymbol{\beta})}\right\} + (1 - Y_i)\log\left\{\dfrac{1}{1 + \exp(X_i^\top \boldsymbol{\beta})}\right\}\right] \end{aligned}$$

求解 $L(\boldsymbol{\beta})$ 的最大值,即可得到最大似然估计 $\hat{\boldsymbol{\beta}}$。由于以上目标函数不存在显式的最优解,因此一般采取数值优化的方式进行求解。

7.3 模型评价

与线性回归不同,逻辑回归的因变量是 0~1 型变量。因此,在进行模型评估时也有所差异。假设最大似然估计值用 $\hat{\boldsymbol{\beta}}$ 表示,对于一个新的外来样本数据 X^*,模型预测其因变量 Y^* 取 1 的概率如下。

$$P(Y^* = 1|X^*) \approx P(X^{*\top}\hat{\boldsymbol{\beta}}) = \frac{\exp(X^{*\top}\hat{\boldsymbol{\beta}})}{1 + \exp(X^{*\top}\hat{\boldsymbol{\beta}})}$$

这个预测的概率值因变量 Y^* 取 1 的可能性越大,越倾向于将这个样本预测为 $Y^* = 1$,否则更倾向于将这个样本预测为 $Y^* = 0$。因此,需要定义一个阈值 α,相应的预测规则如下。

$$\hat{Y}^* = \begin{cases} 1, p(X^*, \hat{\boldsymbol{\beta}}) > \alpha \\ 0, p(X^*, \hat{\boldsymbol{\beta}}) \leq \alpha \end{cases}$$

不同的场合有不同的阈值设定。

对于外来样本的预测结果,可能犯两种错误:一种是把真实的 $Y^* = 0$ 预测为 $\hat{Y}^* = 1$,另一种则相反。首先,根据测试集样本的真实值与预测值,可以构造混淆矩阵,具体如表7-2所示。

表7-2 混淆矩阵

矩阵		预测值	
		1	0
真实值	1	TP (true positive)	FN (false negative)
	0	FP (false positive)	TN (true negative)

7.3.1 准确率、精确率及召回率

给定一个阈值 α,常用于评价分类模型的指标是准确率(accuracy)、精确率(precision)及召回率(recall)。

准确率(精度)是指预测的样本中预测正确的比例。

$$\text{accuracy} = \frac{TP + TN}{N}$$

对应地,预测错误的比例被称为错分率(error rate)。

$$\text{error rate} = \frac{FP + FN}{N}$$

准确率和错分率着重评价分类结果的整体准确性,但在评价分类效果时往往有所侧重。例如,在留学申请的案例中,更关心"预测为录取的申请是否真的被录取",以及"有多少被录取的案例能够被正确选出",而不关心"是否把拒绝的申请案例预测为拒绝"。这种情况下,精确率和召回率更能代表分类问题的性能度量,它们的定义如下。

$$\text{precision} = \frac{TP}{TP + FP}$$

$$\text{recall} = \frac{TP}{TP + FN}$$

精确率越高,说明预测为录取的申请中,真正被录取的占比越高;召回率高,说明真正被录取的申

请中有很多被模型挑出来了。这两个指标难以两全,如果希望召回率高,则可以预测所有的申请结果都为"录取",但此时精确率不高;如果希望精确率高,可以把阈值α设得更高,使得预测为录取的申请大概率被真正录取,但此时可能会有漏网之鱼,使得召回率降低。

在不同的商业场景中,精确率和召回率的重要程度不同。例如,在疾病的筛查中,希望能尽量准确地查出癌症,此时召回率更重要;在一些营销场景中,由于每一次营销都要付出成本,所以希望精确率更高。因此,可以通过对两个评价指标的加权计算,得到与实际需求相符的标准。

7.3.2 ROC曲线和AUC值

准确率、精确率、召回率都依赖阈值α的设定。因此,阈值的差异往往影响评估度量的计算,导致难以进行不同模型间的比较。事实上,根据预测概率,可以对样本进行排序。如果一个逻辑回归模型能够尽量多地把正样本(录取)排在负样本(拒绝)之前,那么这个模型就有较好的分类能力。这样的排序与阈值的设置无关。ROC曲线正是从这个角度出发设计的。

ROC曲线的横轴是"假正率"FPR,纵轴是"真正率"TPR,其定义如下。

$$\text{TPR} = \frac{TP}{TP + FN}$$

$$\text{FPR} = \frac{FP}{TN + FP}$$

计算不同阈值α对应的TPR与FPR取值,绘制出的ROC曲线如图7-6所示。

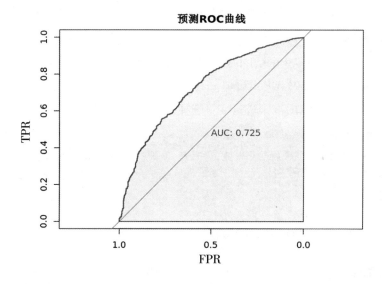

图7-6 ROC曲线示例

在给定相同的 FPR 水平时,TPR 越高越好,因此,我们希望 ROC 曲线下的面积越大越好。ROC 曲线下的面积称为 AUC 值。AUC 值的取值为 0~1,AUC 值越大,说明模型的性能越好。如果一个逻辑回归模型的 ROC 曲线将另一个曲线包裹,则说明在给定 FPR 的前提下,这个模型的 TPR 优于另外一个模型。

7.4 实例分析

1. R 语言实现

逻辑回归方法属于广义线性模型框架,在 R 语言中可以通过 glm() 函数拟合逻辑回归模型,代码如下。

```
glm(formula, family = family(link = function), data = )
```

设定 family= binomial(link = "logit"),则可以拟合逻辑回归模型。

```
glm(Y ~ ., family = binomial(link = "logit"), data = mydata)
```

2. 建模分析

以留学申请数据为例,因变量为录取与否,需要在 R 语言中转换为因子型变量 offertype,自变量为申请季节(season)、申请类型(type)、是否转专业(cross)、是否有牛推(rl)、是否有实习(intern)、是否有科研(research)、是否有发表论文(paper)、是否以第一作者发表论文(first)、是否有 SCI 论文(sci)、是否有交流经历(exchange)、申请专业(major_apply_new)、专业录取率(admittedpct_major_college)、申请学校是否在 Top50(CollegeRankTop50)、GPA 区间(gpa_dis)、托福成绩区间(toefl_dis)。

建立逻辑回归模型,并使用 AIC 准则进行变量选择,得到的模型结果如下所示。

```
formula <- "offertype ~ season + type + cross + rl + intern + research + paper +
first + sci + exchange + major_apply_new + admittedpct_major_college + Colleg-
eRankTop50 + gpa_dis + toefl_dis"   # 指定回归方程
formula    # 查看回归方程
## [1] "offertype ~ season + type + cross + rl + intern + research + paper +
first + sci + exchange + major_apply_new + admittedpct_major_college + Colleg-
eRankTop50 + gpa_dis + toefl_dis"
myglm0 <- glm(formula, family = binomial(), data = descriptive_train)   # 逻辑
回归
myglm <- step(myglm0, trace = F)         # 逐步回归
```

```
summary(myglm)     # 查看回归结果
##
## Call:
## glm(formula = offertype ~ type + intern + first + exchange +
##     admittedpct_major_college + CollegeRankTop50 + gpa_dis +
##     toefl_dis, family = binomial(), data = descriptive_train)
##
## Deviance Residuals:
##     Min       1Q   Median       3Q      Max
## -2.5389  -1.0385   0.5398   0.8418   2.4242
##
## Coefficients:
##                             Estimate Std. Error z value Pr(>|z|)
## (Intercept)                 -3.40629    0.16828 -20.241  < 2e-16 ***
## typePhD                      0.23024    0.10676   2.157 0.031030 *
## type混合                     0.38755    0.28621   1.354 0.175715
## intern                      -0.13173    0.07820  -1.685 0.092061 .
## first                        0.37277    0.12550   2.970 0.002974 **
## exchange                     0.64166    0.19292   3.326 0.000881 ***
## admittedpct_major_college    5.55833    0.20285  27.401  < 2e-16 ***
## CollegeRankTop50Top50       -0.13042    0.06394  -2.040 0.041395 *
## gpa_dis3.4~3.55              0.18549    0.07975   2.326 0.020016 *
## gpa_dis3.55~3.7              0.45659    0.08481   5.384 7.30e-08 ***
## gpa_dis>3.7                  0.67973    0.09401   7.230 4.81e-13 ***
## toefl_dis98~102              0.19795    0.08694   2.277 0.022803 *
## toefl_dis102~106             0.36408    0.08876   4.102 4.10e-05 ***
## toefl_dis>106                0.57385    0.09594   5.981 2.22e-09 ***
## ---
## Signif. codes:  0 '***' 0.001 '**' 0.01 '*' 0.05 '.' 0.1 ' ' 1
##
## (Dispersion parameter for binomial family taken to be 1)
##
##     Null deviance: 7663.2  on 6133  degrees of freedom
## Residual deviance: 6617.4  on 6120  degrees of freedom
##   (2703 observations deleted due to missingness)
## AIC: 6645.4
##
## Number of Fisher Scoring iterations: 4
```

经过AIC选择后，模型留下了对申请结果影响显著的变量。逻辑回归模型的系数体现了因变量分别取1和0的可能性大小。例如，对于申请类型而言，其基准组为只申请硕士(MS)，在控制其他变量不变的情况下，申请PhD的同学被录取的可能性比只申请硕士的同学录取可能性大；同样地，在控制其他变量不变的情况下,有以第一作者身份发表论文、海外交流经历的同学比没有相关经验的同学更易被录取;从 GPA 和托福成绩这两个硬性指标来看,随着成绩区间档位的上升,获得录取的可能性增大,因此提高英语成绩是稳中求胜的"法宝"。

3. 模型评估

使用 AIC 选择后的模型,对测试集数据进行预测。在 predict()函数中设置 type="response",得到预测的因变量取 1 的概率值。使用 pROC 包中的 plot.roc()函数,根据测试集的因变量真实值与预测值计算出不同阈值下的 FPR 与 TPR,绘制 ROC 曲线代码如下,绘制的曲线如图 7-7 所示。

```
descriptive_test <- na.omit(descriptive_test)
plot.roc(descriptive_test $offertype, col = "dodgerblue", print.auc=TRUE, auc.
polygon=TRUE, auc.polygon.col="#f6f6f6", xlab = "特异度",ylab = "敏感度", predict
(myglm, descriptive_test, type="response"),main = "预测ROC曲线")
```

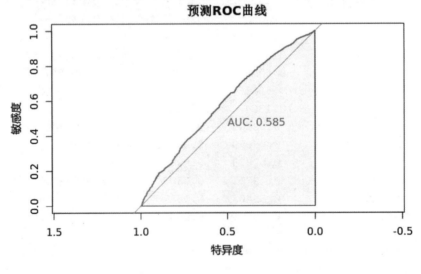

图 7-7　预测 ROC 曲线

根据曲线的结果,AUC 值(ROC 曲线下的面积)为 0.585,说明该模型对数据的预测效果较好。使用 confusionMatrix()函数,并设置判断阈值为 0.65(实际应用中可根据业务场景设定),计算混淆矩阵代码如下。

```
pred <- predict(myglm, descriptive_test, type="response")
confusionMatrix(as.factor(pred > 0.65), as.factor(descriptive_test$offertype))
$table
##          Reference
## Prediction FALSE TRUE
##      FALSE   219  350
##      TRUE    482 1414
```

根据混淆矩阵的结果输出,可以看到真实值为录取的样本中,有1414个样本被预测为录取,350个样本被预测为拒绝;真实值为拒绝的样本中,有219个样本被预测为拒绝,482个样本被错误预测为录取。

模型在测试集上的准确率为66.25%,精确率为74.58%,召回率为80.16%。模型的预测召回率较高,说明真正被录取的样本中,被准确预测为录取的占比很高。

7.5 本章小结

对于因变量为具有有限分类的分类型变量来说,常用逻辑回归进行模型拟合与预测。

本章我们借助留学申请数据集,详细介绍了二分类因变量的逻辑回归模型,包括模型形式、模型理解、参数的估计方法和模型的评价准则。最后,本章展示了如何在R语言中进行完整的逻辑回归建模,如何对建模的结果进行解读,并且对新样本数据进行预测。

7.6 本章习题

1. 逻辑回归模型的参数估计方法一般使用最大似然估计。尝试用牛顿法求解最大似然估计,请简单描述牛顿法的思想。

2. 社交电商在运营中有一个非常重要的工作是留存客户,社交电商平台获取并积累了大量的老客户以后,可以专门针对会员建立会员群,以提升这部分群体的黏性和复购率,帮助社交电商平台提升销量。为了探究影响客户流失的因素,以客户是否流失为因变量,建立一套系统的客户流失预警模型,数据来自国内某社交电商平台。建模时使用sampledata.csv,预测时使用preddata.csv,所有的自变量来自当月,因变量(是否流失)均来自下一个月,具体的变量介绍如表7-3所示。

表7-3 某社交电商平台客户数据

变量	变量名	详细说明	备注
因变量	是否流失	1=流失;0=未流失	流失率为3.15%
自变量	在网时长	连续变量,单位:天	客户从入网,到数据提取日期截止时在网时间
	当月花费	连续变量,单位:元	客户的花费总额
	个体的度	连续变量,单位:人数	和客户通话的总人数,去重之后的呼入与呼出求和
	联系强度	连续变量:分钟/人	通话总时间除以总人数

续表

变量	变量名	详细说明	备注
自变量	个体信息熵	连续变量	$E_i = -\sum_{a_{ij}=1} p_{ij}*\log(p_{ij})$，其中$E_i$为个体$i$的信息熵，$a_{ij}=1$代表个体$i$和$j$通过电话，$p_{ij}$代表$j$和$i$通话的分钟数据占$i$总通话时长的比例
	个体度的变化	连续变量,单位:%	(本月个体的度-上月个体的度)/上月个体的度
	花费的变化	连续变量,单位:%	(本月花费-上月花费)/上月花费

请使用R语言建立逻辑回归模型，并对模型结果进行解读。使用建立好的模型预测preddata.csv，并绘制模型的ROC曲线，计算AUC值。

第八章
降维分析

  降维分析是数据探索过程中常用的分析方式。降维中的"维"即数据维度,一般指变量数目。在分析高维数据时,降维分析可以帮助我们提取有效信息,将数据维度降低到一个易于分析、易于解释的程度。

  降维方法在统计分析中应用广泛。例如,观察NBA球员比赛记录的各个指标,容易发现这些指标描述的信息高度重合。例如,命中次数、出手次数、助攻次数、抢断次数等都可以描述球员的进攻能力。一个出手次数较高的球员在比赛场上较为活跃主动,有更多的机会帮助己方球队完成助攻,并且随着出手次数的增多,命中次数也会逐步上升。不难看出,这几个变量之间存在一定的"重叠"关系。那么,是否可以将出手次数、命中次数和助攻次数统一为一个变量,称为球员的"进攻能力值"? 通过这种降维方式,可以用较少的变量代替冗余的信息,且可以方便地用于后续分析。在本章中,我们将主要介绍两种重要的降维分析方法——主成分分析与因子分析。

案例引入

背景介绍

  NBA,全称为美国职业篮球联赛(National Basketball Association),作为美国四大职业体育联盟之一,在美国本土四大联赛中的排名绝非第一;然而在全球,尤其是中国,其普及率和收看率,却远远高于其他三大联盟。

  NBA作为商业联盟,不管是联盟还是球队,最关心的问题还是盈利,其球队市值估价也在逐年提高。据《福布斯》杂志2019年发布的NBA球队市值，30支NBA球队的估值首次全部达到或超过12亿美元，平均市值为19亿美元，较去年增长13%，是3年前的3倍，其中，纽约尼克斯达到40亿美金，是所有球队中最高的。对于NBA球队来说，其收入包括门票收入、广告收入等，而球队支出中，则有一大部分是球员薪金。

自由球员在自由市场中的价值，具体表现为其下一份合同的薪金多少，决定薪金的因素包括其在球场上的表现及其展现的天赋和能力，再或是对胜利的贡献。球队经理需要综合考虑多方面的因素，给出合适的合同。因此对球员薪金影响因素的量化分析，可以更合理地估计出球员在各个方面的水平与价值，也有助于球队挑选更具性价比的球员，组建更为合理的阵容。这对球队战绩的提升、球队运营收入的增长均有重要的意义。

数据介绍

本章案例数据包括截至2019年NBA球员季后赛总得分和每个球员的比赛详细数据。该数据收集了2448条NBA职业篮球运动员的各项比赛数据，其中包含勒布朗·詹姆斯、迈克尔·乔丹、科比·布莱恩特等多位全能巨星球员的投篮、三分球、罚球、助攻、抢断次数和季后赛总得分等18个变量信息，数据说明如表8-1所示。

表8-1　NBA球员季后赛得分数据

变量类型		变量名	详细说明	取值范围
因变量		生涯总得分	连续变量	0~6911
自变量	个人信息	球员	文本数据	每个球员的官方姓名
	出勤统计	出场数	连续变量	1~259
		上场总时间	连续变量	0~10059
	投篮统计	投篮率	连续变量	0~100%
		命中次数	连续变量	0~2457
		出手次数	连续变量	0~5006
	三分统计	三分投球率	连续变量	0~100%
		三分命中次数	连续变量	0~410
		三分出手次数	连续变量	0~1116
	罚球统计	罚球率	连续变量	0~100%
		罚球命中次数	连续变量	0~1627
		罚球出手次数	连续变量	0~2317
	其他技术统计	篮板数	连续变量	0~4104
		助攻次数	连续变量	0~2346
		抢断次数	连续变量	0~419
		盖帽次数	连续变量	0~568
		失误次数	连续变量	0~866
		犯规次数	连续变量	0~797

描述分析

(1)命中次数、出手次数及助攻次数。在描述分析上,以出手次数指标为横轴,分别以命中次数和助攻次数为纵轴绘图,可以看出出手次数与命中次数、助攻次数之间都存在较高的正相关关系,如图8-1所示。这几个变量之间存在一定的重叠关系,如果通过一个综合变量来反映三者的信息,可以降低信息冗余度。

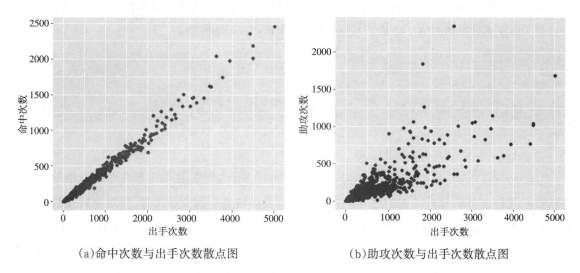

(a)命中次数与出手次数散点图　　　　(b)助攻次数与出手次数散点图

图8-1　命中次数、出手次数及助攻次数图

(2)变量相关系数图。如图8-2所示,由变量的相关系数可以看出,部分变量之间的正相关性较强,如出场数和上场总时间,命中次数和出手次数等。

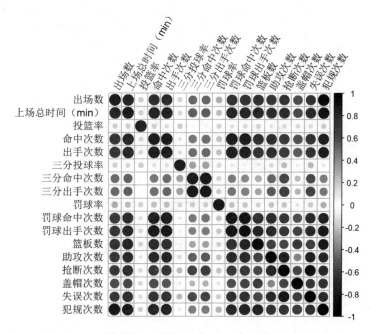

图8-2　变量相关系数矩阵点图

本章难点

(1)理解并掌握降维分析方法的基本思想,掌握主成分分析与因子分析的基本思路及其应用场景。

(2)熟练掌握主成分分析的原理、估计方法、主成分个数选择方法和主成分得分的计算方法。

(3)了解主成分分析与因子分析的异同,能够使用R语言实现降维。

8.1 主成分分析

主成分分析(Principal Component Analysis, PCA)是将多个变量简化为少数几个综合指标的一种降维方法,又称主分量分析或主轴分析。它通过线性变换构造少数变量组合,尽可能解释数据变异性,且各个主成分之间是正交(不相关)的。对两个变量 X_1, X_2 做主成分分析的基本原理和结果,如图8-3所示。观察数据点的主要变动方向,可以看出图中"第一主成分"所指的方向是数据变动的主要方向,解释了数据中最大的变异度。"第二主成分"与"第一主成分"正交,第二主成分所示方向的数据变异程度有所降低。给定一个变量维度为 p 的数据集,通过主成分分析,可以估计出能够解释数据变动的主成分方向。在下一节中我们将介绍主成分分析的原理。

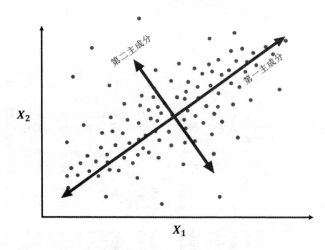

图8-3 两个正交的主成分方向

8.1.1 主成分分析原理

设 $X = (X_1, X_2, \cdots, X_p)^\top$ 为 p 维随机向量,其协方差矩阵为 Σ,考虑如下的线性变换。

$$\begin{cases} Z_1 = \boldsymbol{a}_1^\top \boldsymbol{X} = a_{11}X_1 + a_{21}X_2 + \cdots + a_{p1}X_p \\ Z_2 = \boldsymbol{a}_2^\top \boldsymbol{X} = a_{12}X_1 + a_{22}X_2 + \cdots + a_{p2}X_p \\ \cdots\cdots \\ Z_p = \boldsymbol{a}_p^\top \boldsymbol{X} = a_{1p}X_1 + a_{2p}X_2 + \cdots + a_{pp}X_p \end{cases}$$

如上所示，Z_1 是 $\boldsymbol{X}$ 经过线性组合之后的指标，线性组合的权重为 $\boldsymbol{a}_1$。假如我们用 Z_1 来代替原来的 p 个变量 $X_1 \sim X_p$，这就要求 Z_1 尽可能多地反映原来 p 个变量的信息，最经典的表达"信息"的方法是用 Z_1 的方差。这里我们要求权重向量满足 $\boldsymbol{a}_1^\top \boldsymbol{a}_1 = 1$，否则可以任意增大 $\boldsymbol{a}_1$ 的分量值，会使得 Z_1 的方差为无穷大。若存在满足以上约束条件的 $\boldsymbol{a}_1$，使得 $Var(Z_1)$ 最大，则 Z_1 称为第一主成分。如果第一主成分不足以代表原来 p 个变量的绝大部分信息，则考虑 $\boldsymbol{X}$ 的第二个线性组合 Z_2——为了有效代表原始变量的信息，要求 Z_2 不包含 Z_1 中已有的信息，即 $Cov(Z_1, Z_2) = 0$。同样，在满足 $\boldsymbol{a}_2^\top \boldsymbol{a}_2 = 1$ 且 $Cov(Z_1, Z_2) = 0$ 的情况下，求得 $\boldsymbol{a}_2$ 使得 $Var(Z_2)$ 达到最大，称 Z_2 为第二主成分。类似地可以求得第三主成分、第四主成分等。对于维度为 p 的随机向量，最多可以求得 p 个正交的主成分。

因此，总体主成分的定义如下。

设 $\boldsymbol{X} = (X_1, \cdots, X_p)^\top$ 是 p 维随机向量，均值 $E(\boldsymbol{X}) = \boldsymbol{\mu}$，协方差阵 $Cov(\boldsymbol{X}) = \boldsymbol{\Sigma} = \sigma_{ij}$，称 $Z_i = \boldsymbol{\alpha}_i^\top \boldsymbol{X}$ 为 $\boldsymbol{X}$ 的第 i 主成分（$i = 1, 2, \cdots, p$），如果公式满足如下条件，如何求解主成分的表达式？

(1) $\boldsymbol{a}_i^\top \boldsymbol{a}_i = 1 (i = 1, 2, \cdots, m)$。

(2) 变量 Z_i 与 Z_j 互不相关，即 $Cov(Z_i, Z_j) = 0 (i \neq j)$。

(3) $Var(Z_i) = \max\limits_{\boldsymbol{a}^\top \boldsymbol{a} = 1, \boldsymbol{a}^\top \boldsymbol{\Sigma} \boldsymbol{a}_j = 0 (j \leq i-1)} Var(\boldsymbol{a}^\top \boldsymbol{X})$。

那么如何求解主成分的表达式呢？回到图 8-1，若想用一个主成分（第一主成分）来合理地表达变量信息，则原始变量在这个主成分方向上的投影应当尽量分散，以达到主成分的方差最大化，即该主成分具有"最大可分性"。从这个角度入手，以下我们将主成分分析转化为一个优化问题，以进一步推导主成分的表达式。

$\boldsymbol{X}$ 在第一主成分方向的投影是 $\boldsymbol{a}_1^\top \boldsymbol{X}$，若要满足最大可分性，则需要所有变量的投影尽可能分开，使得投影后的方差最大化。投影后的方差为 $Var(Z_1) = \boldsymbol{a}_1^\top \boldsymbol{\Sigma} \boldsymbol{a}_1$，因此问题又可以表示为

$$\max_{\boldsymbol{A}} \left\{ tr\left(\boldsymbol{a}_1^\top \boldsymbol{\Sigma} \boldsymbol{a}_1\right) \right\}, \boldsymbol{a}_1^\top \boldsymbol{a}_1 = 1$$

此时主成分分析问题转化为一个带约束条件的最优化问题。使用拉格朗日乘子法，可得

$$\varphi(\boldsymbol{a}_1) = Var(\boldsymbol{a}_1^\top \boldsymbol{X}) - \lambda(\boldsymbol{a}_1^\top \boldsymbol{a}_1 - 1) = \boldsymbol{a}_1^\top \boldsymbol{\Sigma} \boldsymbol{a}_1 - \lambda(\boldsymbol{a}_1^\top \boldsymbol{a}_1 - 1)$$

$$\Rightarrow \begin{cases} \dfrac{\partial \varphi}{\partial \boldsymbol{a}_1} = 2(\boldsymbol{\Sigma} - \lambda \boldsymbol{I})\boldsymbol{a}_1 = 0 \\ \dfrac{\partial \varphi}{\partial \lambda} = \boldsymbol{a}_1^\top \boldsymbol{a}_1 - 1 = 0 \end{cases}$$

$$\Rightarrow \boldsymbol{\Sigma} \boldsymbol{A} = \lambda \boldsymbol{A}$$

因此，只需要对协方差矩阵 Σ 进行特征值分解，记特征值为 $\lambda_1 \geq \lambda_2 \geq \cdots \geq \lambda_p \geq 0$，对应的特征向量为 $a_1, a_2, \cdots, a_p$，则 X 的第 i 个主成分为 $Z_i = a_i^\top X$，第 i 个主成分系数向量为 a_i。$Var(Z_i) = \lambda_i$ 表示 Z_i 所解释的原始变量信息的大小，我们称第 i 个主成分解释方差的比例为 $\dfrac{\lambda_i}{\Sigma_j \lambda_j}$。

下面对总体主成分的性质进行叙述。

(1) 总体主成分 Z 的协方差矩阵为对角矩阵，具体如下。
$$Cov(Z) = \Lambda = \mathrm{diag}(\lambda_1, \lambda_2, \cdots, \lambda_p)$$

(2) 总体主成分 Z 的方差之和等于随机变量 X 的方差之和，即
$$\sum_{i=1}^{p} \lambda_i = \sum_{i=1}^{p} \sigma_{ii}$$

其中，σ_{ii} 是变量 X_i 的方差，即总体协方差矩阵 Σ 的对角元素。

(3) 第 k 个主成分 Z_k 和变量 X_i 的相关系数 $\rho(Z_k, X_i)$ 称为因子载荷量，它表示第 k 个主成分 Z_k 与变量 X_i 的相关关系，计算公式如下。
$$\rho(Z_k, X_i) = \dfrac{\sqrt{\lambda_k}\, a_{ik}}{\sqrt{\sigma_{ii}}} \quad (k, i = 1, 2, \cdots, p)$$

所有变量与主成分构成的因子载荷量矩阵 $\left[\rho_{ik} = \rho(Z_k, X_i)\right]_{p \times p}$ 称为载荷矩阵。

8.1.2 主成分个数选择

以上对于主成分计算的讨论的前提是主成分个数已知。在实际数据中，主成分个数往往未知，这就需要对主成分个数进行选取，这一步在主成分分析中非常重要。当选取的主成分数目太少时，提取出的主成分不足以体现变量 X 所包含的信息，此时主成分解释方差的占比较低；当主成分数目过多时，模型则比较复杂，不易解读。在实际数据分析中，我们常采用一些准则选取最佳的主成分数目，常用的方式如下。

1. 崖底碎石图

根据每个主成分对应的特征值绘制点线图，当主成分数目从 k 增加到 $k+1$ 时，如果特征值出现较剧烈的下降，即第 $k+1$ 个点为拐点，表示相比前 k 个主成分所提取的变量信息，第 $k+1$ 个主成分只包含了非常少量的变量信息，因此提取 k 个主成分较为合适。如图 8-4 所示，拐点出现在 $k = 3$ 处，应当选择 2 个主成分。

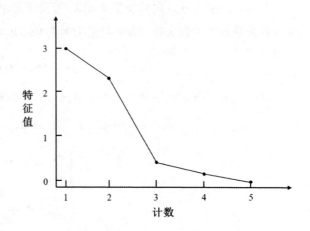

图 8-4　崖底碎石图选择主成分数目

2. 累计方差贡献率

这个方法的思想和崖底碎石图相似,都是通过特征值的相对大小来选择最佳的主成分数目。每个主成分的方差贡献率为 $\dfrac{\lambda_i}{\sum\limits_{i=1}^{p}\lambda_i}$,因此前 k 个主成分的累计方差贡献率为 $\dfrac{\sum\limits_{i=1}^{k}\lambda_i}{\sum\limits_{i=1}^{p}\lambda_i}$。可以选择最佳主成分数目,使得前 k 个主成分的累计方差解释比例达到一定数值(通常为70%~80%)。

这里需要注意,累计方差贡献率反映了主成分保留信息的比例,但不能反映对某个原有变量 X_i 的贡献率,因此有如下定义。

k 个主成分 $Z_1, Z_2, \cdots, Z_k$ 对原有变量 X_i 的贡献率定义为 X_i 与 $Z_1, Z_2, \cdots, Z_k$ 的相关系数的平方,记作 $\nu_i = \rho^2[X_i, (Z_1, \cdots, Z_k)]$,计算公式如下。

$$\nu_i = \rho^2[X_i, (Z_1, \cdots, Z_k)] = \sum_{j=1}^{k}\rho^2(X_i, Z_j)$$

3. Kaiser 准则

根据前文的推导,主成分的表达式是通过求解观测变量的协方差阵的特征值和特征向量得到的。由于 p 个原变量所提供的总信息(变量总方差)的绝大部分只需要用前 m 个主成分来代替,则存在

$$\sum_{i=1}^{p}\sigma_{ii} \approx \sum_{i=1}^{p}\lambda_i$$

在对变量进行标准化(使得 $\sigma_{ii}=1$)后,有 $\mathrm{tr}(\boldsymbol{\Sigma}) = \sum\limits_{i=1}^{p}\sigma_{ii} = p$,则平均原始变量信息为1。Kaiser准则的想法非常简单:主成分至少要能解释一个原始变量的信息,因此在这个准则下我们只需要选择大于1的特征值数目。在实际工作中,一般结合多个原则进行综合判断。

8.1.3 样本的主成分及主成分得分

在实际数据分析中,我们无法取得观测总体,但可以在样本观测数据上进行主成分分析。在总体的协方差矩阵 $\boldsymbol{\Sigma}$ 未知的情况下,通常使用样本协方差矩阵估计 $\boldsymbol{\Sigma}$,在此基础上进行主成分分析。特别需要注意的是,在实际分析中为避免变量量纲带来的影响,一般先对变量进行标准化处理(使之均值为0,方差为1),再进行主成分分析,这相当于对原始变量的相关系数矩阵进行主成分分析。以下假设变量已经过标准化处理。

设 $X_{(t)}$ 为来自总体 X 的第 t 个样本,记样本数据阵为 $\boldsymbol{X} = [X_{(1)}, \cdots, X_{(n)}]^\top \in R^{n \times p}$,则样本协方差矩阵可以由如下公式估计(在变量标准化的前提下)。

$$\hat{\boldsymbol{\Sigma}} = \frac{1}{n-1}\boldsymbol{X}^\top \boldsymbol{X}$$

记 $\hat{\boldsymbol{\Sigma}}$ 的 p 个主成分为 $Z_1, \cdots, Z_p, \lambda_1 \geq \lambda_2 \geq \cdots \geq \lambda_p \geq 0$ 为 $\hat{\boldsymbol{\Sigma}}$ 的特征值,$\boldsymbol{A} = (a_1, \cdots, a_p) \in R^{p \times p}$ 为相应的

单位正交特征向量矩阵。给定第 i 个特征向量 a_i，可以计算第 t 个样本在第 i 个主成分的得分，记为 $z_{ti} = a_i^\top X_{(t)} (i = 1,\cdots,p)$，这表示样本 $X_{(t)}$ 在主成分方向 a_i 上的投影。设 $Z_{(t)} = (z_{t1}, z_{t2}, \cdots, z_{tp})^\top = A^\top X_{(t)} \in R^p (t = 1,2,\cdots,n)$，则主成分得分阵可表示为

$$Z = \begin{bmatrix} z_{11} & z_{12} & \cdots & z_{1p} \\ z_{21} & z_{22} & \cdots & z_{2p} \\ \vdots & \vdots & & \vdots \\ z_{n1} & z_{n2} & \cdots & z_{np} \end{bmatrix} \stackrel{def}{=} \begin{bmatrix} Z_{(1)}^\top \\ Z_{(2)}^\top \\ \vdots \\ Z_{(n)}^\top \end{bmatrix}$$

主成分得分阵 Z 和标准化后的原始数据阵 X 具有如下关系。

$$Z = XA \text{ 或 } X = ZA^\top$$

8.1.4 R 语言中的主成分分析

本章主要通过 R 语言中的 psych 包进行降维分析。psych 包中提供的函数包含了比基础函数更丰富的选项。另外，它的函数输出的结果形式与其他统计软件（SAS 和 SPSS）所提供的输出十分相似，也更为社会科学研究工作者所熟悉。psych 包中实用的因子分析函数如表 8-2 所示。

表 8-2 psych 包中实用的因子分析函数

函数	描述
principal()	进行主成分分析
fa()	进行因子分析
fa.parallel()	生成包含平行分析的崖底碎石图
factor.plot()	绘制因子分析或主成分分析的结果图
fa.diagram()	绘制因子分析或主成分分析的载荷矩阵图
scree()	绘制因子分析和主成分分析的崖底碎石图

回到 NBA 季后赛得分数据，能否使用较少的变量来提炼数据集中的自变量所包含的信息呢？如果可以，需要多少个变量，又如何来解释它们呢？借助以上对主成分分析的讨论，我们对 NBA 得分数据变量降维。scree() 函数和 principal() 函数的第一个参数既可以为相关系数矩阵，也可以直接输入原始数据变量数据框（不需要提前做标准化），如果输入为原始变量，则函数会默认计算相关系数矩阵，因此不需要人工对数据做标准化处理。注意，在调用函数之前，我们要确保数据集中没有缺失值。在实际处理过程中，先通过崖底碎石图选择合适的主成分数目。scree() 函数中，通过指定参数 factors 和 pc 的取值，生成主成分分析或因子分析的崖底碎石图，hline 参数取值为绘制水平直线的高度，默认值为 1，设置为负数则不绘制水平线。scree() 函数会返回根据特征值绘制的崖底碎石图，同时返回特征值向量。绘制的崖底碎石图如图 8-5 所示，可以使用该返回值计算累计方差贡献率。

```
## 主成分分析选择因子数目
result1 <- scree(predictor, factors = F, pc = T, main = "主成分分析崖底碎石图",
hline = -1)
```

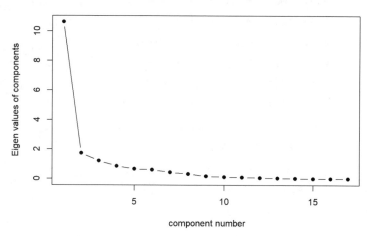

图8-5 主成分分析崖底碎石图

```
## 计算累计方差贡献率
cumvar <- round(cumsum(result1$pcv)/sum(result1$pcv),2)
cat('前3个主成分累计方差贡献率为', cumvar[1:3])
## 前3个主成分累计方差贡献率为 0.63 0.73 0.8
```

根据崖底碎石图的拐点,结合主成分解释总体方差的比例(约为80%),选择主成分个数为3。接下来提取主成分。

```
## 提取主成分
pc <- principal(predictor, nfactors = 3)
pc
## Principal Components Analysis
## Call: principal(r = predictor, nfactors = 3)
## Standardized loadings (pattern matrix) based upon correlation matrix
##                    RC1   RC2   RC3   h2   u2    com
## 出场数             0.85  0.30  0.20  0.86 0.144  1.4
## 上场总时间(min)    0.91  0.33  0.13  0.95 0.051  1.3
## 投篮率             0.12 -0.07  0.80  0.67 0.334  1.1
## 命中次数           0.93  0.25  0.08  0.94 0.059  1.2
## 出手次数           0.92  0.28  0.08  0.93 0.065  1.2
## 三分投球率        -0.09  0.54  0.51  0.57 0.432  2.0
## 三分命中次数       0.31  0.90  0.03  0.91 0.087  1.2
## 三分出手次数       0.33  0.90  0.03  0.93 0.071  1.3
## 罚球率             0.17  0.11  0.61  0.41 0.591  1.2
## 罚球命中次数       0.92  0.23  0.05  0.90 0.101  1.1
```

```
## 罚球出手次数          0.94  0.17 0.05 0.92 0.084 1.1
## 篮板数                0.90  0.01 0.11 0.83 0.174 1.0
## 助攻次数              0.77  0.41 0.03 0.76 0.238 1.5
## 抢断次数              0.70  0.56 0.08 0.81 0.191 1.9
## 盖帽次数              0.71  0.02 0.13 0.53 0.475 1.1
## 失误次数              0.73  0.52 0.08 0.80 0.195 1.8
## 犯规次数              0.91  0.18 0.16 0.88 0.120 1.1
##
##                         RC1  RC2  RC3
## SS loadings           9.00 3.16 1.43
## Proportion Var        0.53 0.19 0.08
## Cumulative Var        0.53 0.72 0.80
[……已删除额外输出……]
```

R语言的输出结果中，前3列为3个成分的载荷，它是指观测变量与主成分的相关系数，这里需要注意，载荷系数的正负本身没有意义，但是不同载荷系数之间的正负对比是有意义的；h2栏是指主成分对每个原始变量的方差贡献率，即主成分对每个变量的方差解释度，由每个主成分的载荷平方求和得到。例如，对于出场数变量，3个主成分一共解释了86%的方差；u2栏是指成分的唯一性，由1−h2计算得到，即方差无法被主成分解释的比例；最后一列com为主成分在每个变量上的霍夫曼复杂度指数，该指数取值越小，代表对应的变量在某一个主成分上的载荷越集中，因此结构简单、易于解读；指数越大，则表示该变量在各个主成分上载荷分布越均匀，复杂度也越高。

从代码结果的最后一个输出表可以看出，第一主成分解释了出场数85%的方差，第三主成分解释了投篮率80%的方差，第二主成分则分别解释了三分命中次数和三分出手次数90%的方差。代码结果中的累计贡献率显示，前3个主成分的累计贡献率达到了80%。因此，使用这3个主成分可以很好地概括这组数据。

利用主成分分量的值可以对各个主成分进行解释，第一主成分的三分投球率分量为负值，其余都为正值。与第一主成分相关程度最高的4个变量是罚球出手次数、命中次数、出手次数和罚球命中次数。因此第一主成分反映球员的比赛活跃度与主动程度，可以称为场内活跃因子。第二主成分在三分球的命中次数和出手次数上分量高达90%，在2010−2018年的8个NBA赛季中，球员的三分球得分尝试大幅度增加，因为球队都不约而同地得出了一个结论：根据网站basketball-reference.com给出的数据，三分球投篮尝试（特别是从角落投出）会让球队赢得比赛的可能性增加20%~35%。因此，我们可以称第二主成分为胜率加成因子。第三主成分在投篮（命中）率、罚球（命中）率和三分投球（命中）率分量较大，由于命中率体现了球员的篮球技术水平，第三主成分则可以被称为技术水平因子。

通过principal()函数返回的weights对象，可以得到每个变量的主成分得分系数，从而将主成分表示为变量的线性组合形式。

```
round(unclass(pc$weights), 2)    # 计算主成分得分系数,保留2位小数
##                       RC1    RC2    RC3
## 出场数               0.09  -0.01   0.07
## 上场总时间(min)      0.10   0.00   0.01
## 投篮率              -0.02  -0.13   0.64
## 命中次数             0.12  -0.04  -0.02
## 出手次数             0.11  -0.02  -0.03
## 三分投球率          -0.15   0.25   0.37
## 三分命中次数        -0.10   0.41  -0.08
## 三分出手次数        -0.10   0.40  -0.08
## 罚球率              -0.03  -0.02   0.46
## 罚球命中次数         0.12  -0.05  -0.05
## 罚球出手次数         0.14  -0.08  -0.04
## 篮板数               0.15  -0.16   0.02
## 助攻次数             0.07   0.08  -0.07
## 抢断次数             0.02   0.16  -0.04
## 盖帽次数             0.12  -0.12   0.05
## 失误次数             0.04   0.13  -0.04
## 犯规次数             0.12  -0.08   0.05
```

以第一主成分为例,利用如下公式可得到主成分得分如下。

PC_1 = 0.09*出场数 + 0.1*上场总时间 − 0.02*投篮率 + 0.12*命中次数 + 0.11*出手次数 − 0.15*三分投球率 − 0.1*三分命中次数 − 0.1*三分出手次数 − 0.03*罚球率 + 0.12*罚球命中次数 + 0.14*罚球出手次数 + 0.15*篮板数 + 0.07*助攻次数 + 0.02*抢断次数 + 0.12*盖帽次数 + 0.04*失误次数 + 0.12*犯规次数

在principal()函数的基础上,添加参数score=TRUE,即可获得所有球员样本在3个主成分上的得分,通过这个得分,可以从3个角度(场内活跃因子、胜率加成因子、技术水平因子)对球员的综合实力进行评价。主成分得分可通过如下方式计算。

```
## 计算主成分得分
pc <- principal(predictor, nfactors = 3, scores = TRUE)
head(pc$scores)    # 输出前6个样本的主成分得分
##            RC1         RC2         RC3
## [1,]  8.303699   8.511875  -2.74635320
## [2,]  7.180972   3.157658  -1.17880314
## [3,]  7.867405  -3.731918   0.03163649
## [4,]  6.281025   6.742762  -1.80571153
## [5,] 10.055778  -4.066821  -0.12789204
## [6,] 10.340703  -3.711050   0.36334196
```

以第一个球员为例,他的场内活跃因子和胜率加成因子得分较高,说明他是一位在比赛场上主动进攻类型的球员,但是他的技术水平因子得分较低,因此还需要多加练习,提高自己的投篮命中率,从而获得更多分数。

以上是对主成分分析的学习与讨论,如果我们的研究目标是寻求可解释观测变量的潜在因子或隐含结构,则可以使用因子分析的方法,这正是下一节的主题。

8.2 因子分析

探索性因子分析(Exploratory Factor Analysis,EFA)也是多元统计分析中降维的一种方法,它与主成分分析有很多相似之处。EFA认为可观测到的变量可以由一组较少的无法观测到的变量表示,这些潜在的无法观测的变量称为"因子"。由于这些因子对所有变量都起到解释作用,因此准确来说,它们应被称作公共因子。

我们以一个简单的实际问题为例,说明如何应用EFA来构造因子模型,仍然运用本章引入案例中的NBA球员数据。这里,我们用$X_1, X_2, \cdots, X_{17}$表示17个技术指标(变量)。因子模型认为各个比赛指标(变量)由两部分生成。

$$X_i = \boldsymbol{a}_i^\top \boldsymbol{F} + \varepsilon_i (i = 1, \cdots, 17)$$

其中,$\boldsymbol{F} \in \mathbb{R}^q$是对所有$X_i$都起作用的公共因子,它表示球员的篮球技术水平因子;系数$\boldsymbol{a}_i$称为因子载荷,表示第i个指标在篮球技术水平因子上的体现;ε_i是变量X_i特有的特殊因子。一般来说,公共因子的维数q比原始变量的维数p低,以达到降维的目的。例如,NBA数据中的17个技术指标可以归结为几个重要的因子:技术水平因子、临场发挥因子、主动进攻因子、失误因子等。这些因子很大程度上代表了17个原始技术指标的信息。另外,变量X_i的信息不能被公共因子全部解释,那么它"私有"的部分则被称为特殊因子。一般假设各个特殊因子之间,以及特殊因子与所有公共因子之间都是互不相关的。

8.2.1 正交因子模型

设$\boldsymbol{X} = (X_1, X_2, \cdots, X_p)^\top$是可观测的随机向量,期望为$E(\boldsymbol{X}) = \boldsymbol{\mu} = (\mu_1, \mu_2, \cdots, \mu_p)^\top, Cov(\boldsymbol{X}) = \boldsymbol{\Sigma}$,则因子模型可以表示为

$$X_1 - \mu_1 = a_{11}F_1 + a_{12}F_2 + \cdots + a_{1q}F_q + \varepsilon_1$$
$$X_2 - \mu_2 = a_{21}F_1 + a_{22}F_2 + \cdots + a_{2q}F_q + \varepsilon_2 \cdots \cdots X_p - \mu_p = a_{p1}F_1 + a_{p2}F_2 + \cdots + a_{pq}F_q + \varepsilon_p$$

写成矩阵形式:$\boldsymbol{X} - \boldsymbol{\mu} = \boldsymbol{AF} + \boldsymbol{\varepsilon}$,其中,$\boldsymbol{F}$为公共因子,$\boldsymbol{A}$为载荷矩阵,$\boldsymbol{\varepsilon}$为特殊因子。上述模型和线

性模型的形式非常像,区别是因子分析表达式等号右边的每个量都不能直接观测,即这里的因子是含义无法观测的"潜在因子",因此需要假定一些结构才能进行推断。

$$E(F) = 0, Cov(F) = E(FF^\top) = I_m, E(\varepsilon) = 0, Cov(\varepsilon) = E(\varepsilon\varepsilon^\top) = \mathrm{diag}(\sigma_1^2, \cdots, \sigma_p^2) \triangleq D, Cov(F, \varepsilon) = 0$$

通过以上假定,可以得到如下结论。

$$\Sigma = AA^\top + D$$

$Var(X_k) = a_{k1}^2 + a_{k2}^2 + \cdots + a_{kq}^2 + \sigma_k^2, Cov(X_k, X_m) = a_{k1}a_{m1} + \cdots + a_{kq}a_{mq}$ 其中, $a_{k1}^2 + a_{k2}^2 + \ldots + a_{kq}^2$ 称为 X_k 的共性方差,σ_k^2 称为 X_k 的特殊方差。

8.2.2 模型估计

EFA 的目的是使用少数公共因子(假设为 m 个)来描述 p 个相关变量之间的协方差结构 $\Sigma = AA^\top + D$,其中,A 是 $p \times m$ 因子载荷矩阵,$D = \mathrm{diag}(\sigma_1^2, \cdots, \sigma_p^2)$ 为 p 阶对角矩阵。因此为了解决因子分析的问题,我们需要对因子载荷矩阵 A 和特殊因子方差 $\sigma_i^2 (i = 1, \cdots, p)$ 进行估计,同时满足协方差结构的表达式,其中常用的估计方法有主成分法和最大似然估计法。

1. 主成分法

令 $\lambda_1 \geq \lambda_2 \geq \cdots \geq \lambda_p \geq 0$ 表示样本协方差矩阵 S 的特征值,相应的单位正交特征向量为 $l_1, l_2, \cdots, l_p$,则 S 有如下谱分解式。

$$S = \lambda_1 l_1 l_1^\top + \lambda_2 l_2 l_2^\top + \cdots + \lambda_p l_p l_p^\top$$

当最后 $p - m$ 个特征值较小时,S 可近似地表示为

$$S \approx \lambda_1 l_1 l_1^\top + \cdots + \lambda_m l_m l_m^\top + D = \left(\sqrt{\lambda_1}\, l_1, \cdots, \sqrt{\lambda_m}\, l_m\right) \begin{bmatrix} \sqrt{\lambda_1}\, l_1^\top \\ \vdots \\ \sqrt{\lambda_m}\, l_m^\top \end{bmatrix} + \begin{bmatrix} \sigma_1^2 & \cdots & 0 \\ \vdots & \ddots & \vdots \\ 0 & \cdots & \sigma_p^2 \end{bmatrix} = AA^\top + D$$

其中

$$\begin{cases} A = \left(\sqrt{\lambda_1}\, l_1, \cdots, \sqrt{\lambda_m}\, l_m\right) = (a_{ij})_{p*m} \\ \sigma_i^2 = s_{ii} - \sum_{i=1}^m a_{iu}^2 \ (i = 1, 2, \cdots, p) \end{cases}$$

A 和 σ_i^2 就是因子模型的一个解。载荷矩阵 A 中的第 j 列(第 j 个公共因子 F_j 在 X 上的载荷)和 X 的第 j 个主成分的系数相差 $\sqrt{\lambda_j}\ (j = 1, 2, \cdots, m)$ 倍。因此这个方法给出的解常称为因子模型的主成分解。

2. 最大似然估计

假定公共因子 $F_1, \cdots, F_q$ 和特殊因子 ε 都服从正态分布,那么我们可以写出载荷矩阵 A 和特殊方差 σ_i^2 的最大似然估计。设 n 个样本 $x_{(1)}, \cdots, x_{(n)}$ 是来自正态总体 $N_p(\mu, \Sigma)$ 的随机样本,则样本的似然函数

$L(\boldsymbol{\mu}, \boldsymbol{\Sigma})$ 是 $\boldsymbol{\mu}, \boldsymbol{\Sigma}$ 的函数。

$$L(\boldsymbol{\mu}, \boldsymbol{\Sigma}) = \prod_{i=1}^{n} \frac{1}{(2\pi)^{\frac{p}{2}} |\boldsymbol{\Sigma}|^{\frac{1}{2}}} \exp\left[-\frac{1}{2}(x_{(i)} - \boldsymbol{\mu})^\top \boldsymbol{\Sigma}^{-1} (x_{(i)} - \boldsymbol{\mu})\right]$$

$$= \frac{1}{(2\pi)^{\frac{np}{2}} |\boldsymbol{\Sigma}|^{\frac{n}{2}}} \exp\left\{\operatorname{tr}\left(-\frac{1}{2} \boldsymbol{\Sigma}^{-1} \sum_{i=1}^{n} (x_{(i)} - \boldsymbol{\mu})(x_{(i)} - \boldsymbol{\mu})^\top\right)\right\}$$

由于 $\boldsymbol{\Sigma} = \boldsymbol{A}\boldsymbol{A}^\top + \boldsymbol{D}$，使用迭代法求解 $\hat{\boldsymbol{A}}$ 和 $\hat{\boldsymbol{D}}$，使得对数似然函数最大化。

需要注意的是，如果给载荷矩阵乘正交矩阵 $\boldsymbol{T}$，令 $Z = \boldsymbol{T}^\top \boldsymbol{F}$（$\boldsymbol{T}$ 为任一 m 阶正交矩阵），则 $\boldsymbol{X} = \boldsymbol{ATZ} + \boldsymbol{\varepsilon}$，可以得到 $Cov(\boldsymbol{X}) = \boldsymbol{A}\boldsymbol{A}^\top + \boldsymbol{D}$，这说明因子载荷矩阵不是唯一的。为保证得到唯一解，可以附加一个方便计算的唯一性条件：$\boldsymbol{A}^\top \boldsymbol{D}^{-1} \boldsymbol{A}$ 为对角矩阵。

3. 公共因子数目的选择

以上对于因子模型估计的讨论都是基于已知因子个数，在现实中，因子个数往往未知，这就需要对因子个数进行选取。当选取的因子个数太少时，共同因子往往不足以解释变量 $X_1, X_2, \cdots, X_p$ 的变动，此时共性方差比例过低；当选取的因子数目过多时，模型比较复杂，不易解读。在实际数据分析中，我们常采用一些准则选取因子数目，与主成分分析相似，常用的方式如下。

(1) 使用崖底碎石图，选择拐点之前的一点。

(2) Kaiser 准则：选择大于 1 的特征值对应的因子数目即可。

4. R 语言中提取公共因子

我们仍然使用 NBA 球员得分的案例，学习在 R 语言中进行 EFA。需要注意的是，在进行因子分析之前，需要对数据进行标准化，再计算协方差矩阵；或使用原始数据的相关系数矩阵作为因子分析函数的输入。

利用 scree() 函数绘制因子分析崖底碎石图，结合累计方差贡献率（由 fa() 函数输出）等指标，设置公共因子数为 3，绘制的因子分析崖底碎石图如图 8-6 所示。

```
## 因子分析
cov <- cov(nba[,2:18])
## 转换为相关系数矩阵(等价于标准化后数据的协方差矩阵)
cor <- cov2cor(cov)
## 选择因子数目
result2 <- scree(cor, factors = T, pc = F, main="因子分析崖底碎石图", hline = -1)
```

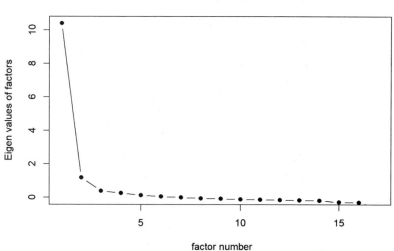

图8-6　因子分析崖底碎石图

接下来,使用psych包中的fa()函数来提取公共因子,该函数的语法格式为fa(r, nfactors = , n.obs = , rotate = , scores = , fm =),具体参数解释如下。

(1)r是相关系数矩阵或原始数据矩阵。

(2)nfactor设定提取的因子数(默认为1)。

(3)n.obs是观测数(输入相关系数矩阵时需要填写)。

(4)rotate设定因子旋转的方法(后文将对因子旋转方法进行具体介绍)。

(5)scores设定是否计算因子得分(默认不计算)。

(6)fm设定因子化方法(默认极小残差法)。

与PCA不同,提取公共因子的方法很多,包括最大似然法(ml)、主轴迭代法(pa)、加权最小二乘法(wls)、广义加权最小二乘法(gls)、最小残差法(minres)。

我们使用NBA季后赛球员数据来进行公共因子的提取,使用最大似然法提取未旋转的因子,结果如下。

```
## 提取公共因子
fa(cor, n.obs = 2448, nfactors = 3, rotate = "none", fm = "ml")
## Factor Analysis using method =  ml
## Call: fa(r = cor, nfactors = 3, n.obs = 2448, rotate = "none", fm = "ml")
## Standardized loadings (pattern matrix) based upon correlation matrix
##                 ML1   ML2   ML3   h2    u2     com
## 出场数          0.81  0.31  0.38  0.903 0.0969 1.7
## 上场总时间(min) 0.87  0.35  0.31  0.977 0.0229 1.6
```

```
## 投篮率            0.12  0.10  0.15 0.046 0.9537 2.7
## 命中次数          0.86  0.47  0.07 0.964 0.0360 1.6
## 出手次数          0.88  0.44  0.06 0.963 0.0366 1.5
## 三分投球率        0.27 -0.26  0.08 0.148 0.8521 2.1
## 三分命中次数      0.87 -0.49 -0.01 0.993 0.0074 1.6
## 三分出手次数      0.88 -0.47 -0.01 0.995 0.0048 1.5
## 罚球率            0.25  0.05  0.10 0.074 0.9258 1.4
## 罚球命中次数      0.85  0.51 -0.12 0.993 0.0066 1.7
## 罚球出手次数      0.82  0.55 -0.08 0.985 0.0154 1.8
## 篮板数            0.67  0.53  0.29 0.812 0.1878 2.3
## 助攻次数          0.80  0.28  0.07 0.728 0.2715 1.3
## 抢断次数          0.83  0.07  0.19 0.735 0.2650 1.1
## 盖帽次数          0.51  0.37  0.24 0.454 0.5459 2.3
## 失误次数          0.84  0.14  0.08 0.726 0.2738 1.1
## 犯规次数          0.78  0.43  0.34 0.902 0.0976 2.0
##
##                     ML1  ML2  ML3
## SS loadings        9.34 2.44 0.62
## Proportion Var     0.55 0.14 0.04
## Cumulative Var     0.55 0.69 0.73
```
[……已删除额外输出……]

得到结果后，如何解读公共因子的含义呢？解释公共因子 F_1 时，可以通过对载荷系数中绝对值较大的输入来解释，与主成分分析的 R 语言输出结果类似，这里同样需要注意，载荷系数的正负本身没有意义，但是不同载荷系数之间的正负对比是有意义的。以上面的结果为例，我们取公共因子的个数为 3，3 个公共因子反映的原始变量信息已占总信息的 73%。查看输出的因子载荷矩阵 A，以 ML1 对应的列（第一个公共因子的载荷向量）为例，除了投篮率、三分球技术指标、罚球率和盖帽次数外，其余各数值都接近或大于 0.8，这表示其余的变量可以解释公共因子 F_1，或者说 F_1 主要反映这些变量的信息。第二个公共因子的载荷绝对值没有比较接近 1 的值，因此该公共因子的意义无法比较清晰地解释，即无法准确判断该公共因子可以通过哪些变量来解释。

5. 因子旋转

因子分析的目的不仅是求出公共因子，更主要的是知道每个公共因子的实际意义。当直接提取的公共因子的典型代表变量不是非常突出时，容易使公共因子的实际意义含糊不清，不利于对因子进行解释，为此需要对因子载荷矩阵进行旋转变换，使得各因子载荷矩阵的每一列元素的平方按列向 0 或 1 两极转化，以达到简化数据结构的目的。

(1)理论依据。

因子模型 $X = AF + \varepsilon$ 中,$F = (F_1,\cdots,F_m)^\top$ 为 m 个公共因子向量,对 F 做正交变换,即令 $Z = \boldsymbol{\Gamma}^\top F$,其中 $\boldsymbol{\Gamma}$ 为任一 m 阶正交矩阵,则

$$X = A\boldsymbol{\Gamma} Z + \varepsilon$$

且

$$Cov(Z) = Cov(\boldsymbol{\Gamma}^\top F) = \boldsymbol{\Gamma}^\top Cov(F)\boldsymbol{\Gamma} = I_m$$

$$Cov(Z,\varepsilon) = Cov(\boldsymbol{\Gamma}^\top F,\varepsilon) = \boldsymbol{\Gamma}^\top Cov(F,\varepsilon) = O$$

$$Cov(X) = Cov(A\boldsymbol{\Gamma} Z) + Cov(\varepsilon) = A\boldsymbol{\Gamma} Cov(Z)\boldsymbol{\Gamma}^\top A^\top + D = AA^\top + D$$

上式说明,若 F 是正交因子模型的公共因子向量,则对任一正交矩阵 $\boldsymbol{\Gamma}$,$\boldsymbol{\Gamma}^\top F \triangleq Z$ 也是公共因子向量,其中 $A\boldsymbol{\Gamma}$ 是公共因子 Z 的载荷矩阵。

根据这个性质,我们可以对初始因子载荷矩阵反复右乘正交矩阵 $\boldsymbol{\Gamma}$,使得 $A\boldsymbol{\Gamma}$ 具有更明显的实际意义。

(2)因子旋转性质。

如图8-7所示,左边为初步因子分析的结果,4个变量在公共因子 F_1 和 F_2 上的载荷矩阵如表8-3所示。

表8-3 旋转前的因子载荷矩阵

变量	F_1	F_2
X_1	0.5	0.5
X_2	0.8	0.8
X_3	−0.7	0.7
X_4	−0.5	−0.5

由于各个变量的因子载荷并不能对变量的含义进行清晰体现,我们进行因子旋转,旋转后的变量载荷矩阵如表8-4所示。

表8-4 旋转后的因子载荷矩阵

变量	F_1	F_2
X_1	0	0.6
X_2	0	0.9
X_3	−0.9	0
X_4	0	0.9

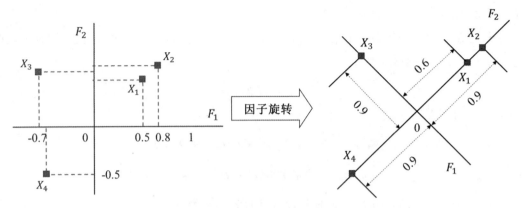

图 8-7 正交因子旋转示例

旋转后的载荷矩阵中,每一列的元素求平方后更向0或1靠近,公共因子的实际含义更加清晰。

旋转后的载荷矩阵需要满足以下几个条件。

(1)对于任意因子而言,只有少数输入变量在该因子上的载荷的绝对值较大,其余变量在该因子上的载荷接近于0。

(2)对于任意输入变量而言,它只在少数因子上的载荷的绝对值较大,在其他因子上的载荷接近于0。

(3)任何两个因子对应的载荷都会呈现不同的模式,因而在解释时这两个因子具有不同的含义。

因子旋转有正交旋转和斜交旋转两种方式。正交旋转采用正交矩阵对因子进行旋转,保持了因子之间的不相关性;斜交旋转采用非正交矩阵对因子进行旋转,可以更好地简化载荷矩阵,提高因子的可解释性,但是旋转后的因子之间存在相关性。

在实际问题中,选择哪一类旋转依赖于对因子之间相关性的假定。在NBA季后赛球员得分的案例中,我们使用正交旋转进一步提取因子,结果如下。

```
## 因子旋转
fa <- fa(cor, n.obs = 2448, nfactors = 3, rotate = "varimax", fm = "ml")
fa
## Factor Analysis using method =  ml
## Call: fa(r = cor, nfactors = 3, n.obs = 2448, rotate = "varimax", fm = "ml")
## Standardized loadings (pattern matrix) based upon correlation matrix
##                    ML1  ML3  ML2   h2    u2   com
## 出场数              0.54 0.70 0.34 0.903 0.0969 2.4
## 上场总时间(min)     0.64 0.67 0.35 0.977 0.0229 2.5
## 投篮率              0.07 0.20 0.02 0.046 0.9537 1.2
## 命中次数            0.81 0.49 0.24 0.964 0.0360 1.9
## 出手次数            0.81 0.48 0.28 0.963 0.0366 1.9
## 三分投球率         -0.01 0.07 0.38 0.148 0.8521 1.1
```

```
## 三分命中次数      0.28 0.10 0.95 0.993 0.0074 1.2
## 三分出手次数      0.31 0.11 0.94 0.995 0.0048 1.2
## 罚球率          0.14 0.19 0.14 0.074 0.9258 2.8
## 罚球命中次数      0.92 0.33 0.20 0.993 0.0066 1.4
## 罚球出手次数      0.91 0.38 0.16 0.985 0.0154 1.4
## 篮板数          0.62 0.65 0.08 0.812 0.1878 2.0
## 助攻次数        0.67 0.41 0.34 0.728 0.2715 2.2
## 抢断次数        0.51 0.45 0.52 0.735 0.2650 3.0
## 盖帽次数        0.44 0.50 0.09 0.454 0.5459 2.0
## 失误次数        0.60 0.38 0.47 0.726 0.2738 2.6
## 犯规次数        0.61 0.70 0.23 0.902 0.0976 2.2
##
##                    ML1  ML3  ML2
## SS loadings        5.89 3.44 3.07
## Proportion Var     0.35 0.20 0.18
## Cumulative Var     0.35 0.55 0.73
[……已删除额外输出……]
```

因子旋转后,第一个公共因子的因子载荷旋转后弱化了投篮率和三分投球率的意义,使得第一公共因子主要解释了命中、出手次数和罚球的命中、出手次数,反映球员的比赛活跃与主动程度,可以称为场内活跃因子;经过因子旋转,篮板数、盖帽次数和命中次数这3个变量对于第二个公共因子的解释更加清晰,因此可以更清晰地反映球员的技术水平因子;第三个公共因子与旋转前相比,强化了三分命中次数和三分出手次数的解释,主要反映了三分球相关的信息,是球员对于整场球的胜率加成因子。这和主成分分析得到的结论类似,由于因子分析结果进行了因子旋转,第二个公共因子和第三个公共因子的共性方差相对大小发生了变化,因此公共因子的顺序和旋转之前的顺序也略有区别。

8.2.3 因子得分

从样本协方差矩阵 S 或相关矩阵 R 获得公共因子和因子载荷矩阵(或经过旋转的载荷矩阵)后,我们给出了公共因子的解释。有时要求把公共因子表示成变量的线性组合,从而可以对每一个样本计算公共因子的估计值,即因子得分。这里需要注意的是,因子得分的计算不是通常意义的参数估计,而是对不可观测的随机向量 F 的取值进行估计。常用的估计方法有加权最小二乘法、最大似然估计和回归法,其中加权最小二乘法得到的估计结果与最大似然法估计结果相同,称为巴特莱特因子得分。回归法的结果也可以通过贝叶斯统计的思想来求得,所得因子得分在文献上常称为汤普森因子得分。

加权最小二乘法中,设 X 具有正交因子模型(不妨设 $\mu = 0$)

$$X = AF + \varepsilon$$

假定因子载荷矩阵 A 和特殊方差已知,把特殊因子 ε 看作误差。因为 $Var(\varepsilon_i) = \sigma_i^2 (i = 1, \cdots, p)$ 一般不相等,因此使用加权最小二乘法估计公共因子 F,误差平方和表示如下。

$$\sum_{i=1}^{p} \frac{\varepsilon_i^2}{\sigma_i^2} = \varepsilon^\top D^{-1} \varepsilon = (X - AF)^\top D^{-1}(X - AF) \triangleq \varphi(F)$$

求解 $\varphi(F)$ 的最小值,即可得到 $\hat{F}$。

若使用最大似然估计,假定 $X \sim N_p(AF, D)$,X 的似然函数的对数如下。

$$L(F) = -0.5(X - AF)^\top D^{-1}(X - AF) - 0.5\ln|2\pi D|$$

最小化 $L(F)$ 即可得到和加权最小二乘估计相同的结果。

若使用回归法,则需要先将公共因子表示为变量的线性组合,也称为因子得分函数。

$$F_j = \beta_{j1} X_1 + \cdots + \beta_{jp} X_p \ (j = 1, \cdots, m)$$

建立公共因子 F 对变量 X 的回归方程如下。

$$\hat{F}_j = b_{j1} X_1 + \cdots + b_{jp} X_p \ (j = 1, \cdots, p)$$

通过 $a_{ij} = E(X_i, X_j) = b_{j1} r_{i1} + \cdots + b_{jp} r_{jp}$ 的关系式,可将回归系数 $b_{j1}, \cdots b_{jp}$ 用因子载荷矩阵 $A = (a_{ij})$ 表示出来,最终得到 $\hat{F} = A^\top R^{-1} X$。

在 R 语言中,对 fa() 函数返回的对象使用 factor.scores() 函数,可以得到因子得分矩阵,通过这个得分,可以从 5 个因子的角度(投球精准度、胜率加成因子、球场主动性、防守和失误水平、配合能力)对球员的综合实力进行评价。计算 NBA 数据的巴特莱特因子得分,设置参数 method = "Bartlett",查看得分矩阵的前 6 行,如下所示。

```
my_score <- factor.scores(nba[,2:18], fa, method="Bartlett")
head(my_score$scores)
##             ML1       ML3       ML2
## [1,]  12.580000 -4.487569  8.081409
## [2,]  11.995025 -3.361421  1.038468
## [3,]   6.595392  5.853993 -3.107273
## [4,]   9.426220 -2.340275  6.346638
## [5,]   9.870953  2.448748 -3.782808
## [6,]   8.285240  4.700884 -3.199473
```

以第一个球员的因子得分为例,其在场内活跃度最高,三分球出手胜率加成也较好,但是命中技术水平欠佳。

此外,在 fa() 函数返回的结果中,还可以得到得分系数(标准化的回归权重),储存在 weights 元素中。对于 NBA 数据集,我们在对载荷矩阵进行旋转后得到的因子得分权重如下。

```
round(fa$weights,2)    # 因子得分权重
##                       ML1    ML3    ML2
```

```
## 出场数              -0.14  0.32  0.01
## 上场总时间(min)     -0.43  1.09  0.02
## 投篮率              -0.01  0.01  0.00
## 命中次数             0.00  0.20 -0.02
## 出手次数             0.01  0.17 -0.02
## 三分投球率           0.00  0.01  0.00
## 三分命中次数        -0.05 -0.16  0.46
## 三分出手次数        -0.01 -0.31  0.66
## 罚球率              0.00  0.01  0.00
## 罚球命中次数         1.19 -1.16 -0.24
## 罚球出手次数         0.41 -0.29 -0.11
## 篮板数              -0.05  0.13  0.00
## 助攻次数             0.00  0.02  0.00
## 抢断次数            -0.02  0.06  0.01
## 盖帽次数            -0.01  0.04  0.00
## 失误次数            -0.01  0.02  0.00
## 犯规次数            -0.12  0.29  0.00
```

根据因子得分权重的结果，每一个公共因子都可以表示为原变量的线性组合，由此得出因子得分函数。进一步，把每个样本的观测值逐个代入因子得分函数，即可得到样本的因子得分值，若有2~3个公共因子，还可以将每个样本的因子得分图绘制在直角坐标系中，从而更清晰地看出样本的散布情况。这里以NBA数据为例，提取3个公共因子，将2448个观测的因子得分散点图绘制在三维画布上，如图8-8所示。

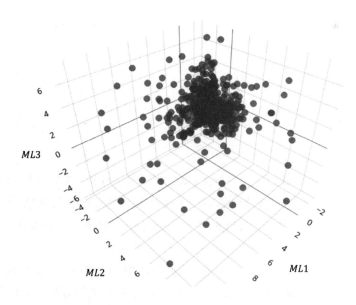

图8-8　样本点在3个公共因子情况下的因子得分分布

8.2.4 因子分析和主成分分析的异同

作为数据降维的两大方法,因子分析和主成分分析既有联系,也有区别。其中,相同点如下。
(1)在求解的过程中,都需要借助样本的协方差矩阵(或相关系数矩阵)及其特征值与特征向量。
(2)需要借助累计方差贡献率确定主成分个数或公共因子个数。
(3)通过降维结果,可以对原始数据中的样本给出潜在的、无法直接观测的指标角度的解读。
二者不同之处如下。
(1)主成分分析的结果只是一个变量的线性变换,不能作为一个模型来描述数据;因子分析需要构造因子模型,对数据的分布情况进行假设。
(2)主成分分析将主成分表示为原始变量的线性组合,而因子分析将原始变量表示为公共因子和特殊因子的线性组合,用假设的公共因子来"解释"协方差矩阵(或相关系数矩阵)的内部依赖关系,如图8-9所示。

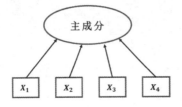

不可被检验准确度,因为我们不知道如何对原始变量进行线性组合是"正确的"

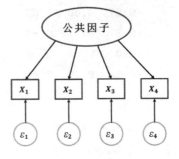

可以被检验准确度的度量模型,因为我们使用公共因子去预测观测变量的协方差,即公共因子是协方差矩阵的解释变量

图8-9 主成分分析和因子分析的区别

8.3 小结

本章中,我们主要学习了主成分分析(PCA)和探索性因子分析(EFA)两种数据降维方法。PCA在数据降维中非常实用,它能用一组较少的不相关变量来替代大量相关变量,进而简化分析过程。EFA包括很多种提取因子的方法,可以用来发现一组可观测变量背后潜在的或无法观测的结构(因子)。

虽然两种方法在表面上有许多相似之处,但也有很大的差异。本章中,我们探究了这两种方法的基本原理,学习了提取主成分/因子数的方法,并结合NBA案例数据对分析结果进行了解读。这两种方法对多元数据分析工作有很大的帮助。

8.4 本章习题

1. R语言中自带的数据集Harman23.cor包含了305个女孩的8个身体测量数据,列表的cov对象是原始数据集的相关系数矩阵。使用该相关系数矩阵对8个身体指标进行主成分分析,用较少的变量替换这些原始的身体数据,并对结果进行解读。相关系数矩阵如下所示。

```
Harman23.cor$cov
##                  height arm.span forearm lower.leg weight bitro.diameter
## height            1.000    0.846   0.805     0.859  0.473          0.398
## arm.span          0.846    1.000   0.881     0.826  0.376          0.326
## forearm           0.805    0.881   1.000     0.801  0.380          0.319
## lower.leg         0.859    0.826   0.801     1.000  0.436          0.329
## weight            0.473    0.376   0.380     0.436  1.000          0.762
## bitro.diameter    0.398    0.326   0.319     0.329  0.762          1.000
## chest.girth       0.301    0.277   0.237     0.327  0.730          0.583
## chest.width       0.382    0.415   0.345     0.365  0.629          0.577
##                  chest.girth chest.width
## height                 0.301       0.382
## arm.span               0.277       0.415
## forearm                0.237       0.345
## lower.leg              0.327       0.365
## weight                 0.730       0.629
## bitro.diameter         0.583       0.577
## chest.girth            1.000       0.539
## chest.width            0.539       1.000
```

2. R语言中自带的数据集USJudgeRatings包含了律师对美国高等法院法官的评分。数据框包含了43个观测、12个变量,如表8-5所示。

表8-5 评分数据变量

变量	描述	变量	描述
CONT	律师与法官的接触次数	PREP	审理前的准备工作
INTG	法官正直程度	FAMI	对法律的熟悉程度
DMNR	风度	ORAL	口头裁决的可靠度
DILG	勤勉度	WRIT	书面裁决的可靠度
CFMG	案例流程管理水平	PHYS	体能
DECI	决策效率	RTEN	是否值得保留

请使用主成分分析的方法,用较少的变量总结从INTG到RTEN这11个变量,使得这些主成分尽可能保留原始变量的信息,对结果进行解读,并计算43个观测样本的主成分得分。

3. R语言中自带的数据列表ability.cov提供了6个心理学测验的数据,包括112个参与者的观测值和6个变量:非语言的普通智力测验(general)、画图测验(picture)、积木图案测验(blocks)、迷宫测验(maze)、阅读测验(reading)和词汇测验(vocab),该列表的cov对象为变量间的协方差矩阵。使用因子分析的方法,选择合适的公共因子数目,将6个变量转化为计算较少的一组潜在心理学因素,解释不同公共因子的含义。

4. 证明主成分性质公式 $\sum_{i=1}^{p} \lambda_i = \sum_{i=1}^{p} \sigma_{ii}$,主成分总体$Z$的方差之和等于随机变量$X$的方差之和,即 $\sum_{i=1}^{p} \lambda_i = \sum_{i=1}^{p} \sigma_{ii}$,其中$\sigma_{ii}$是变量$X_i$的方差,即总体协方差矩阵$\mathbf{\Sigma}$的对角元素。